兰溪诸葛后裔祭祖

诸葛亮后裔

兰溪诸葛后裔祭祖

总主编 褚子育

浙江省非物质文化遗产代表作丛书

浙江摄影出版社

童曦军 编著

总 序

中 共 浙 江 省 委 书 记
浙 江 省 人 大 常 委 会 主 任　车俊

　　非物质文化遗产是一个民族的精神印记，是一个地方的文化瑰宝。浙江作为中华文明的重要发祥地，在悠久的历史长河中孕育了璀璨夺目、蔚为壮观的非物质文化遗产。隆重恢弘的轩辕祭典、大禹祭典、南孔祭典等，见证了浙江民俗的源远流长；引人入胜的白蛇传传说、梁祝传说、西施传说、济公传说等，展示了浙江民间文学的价值底蕴；婉转动听的越剧、绍剧、瓯剧、高腔、乱弹等，彰显了浙江传统戏剧的独特魅力；闻名遐迩的龙泉青瓷、绍兴黄酒、金华火腿、湖笔等，折射了浙江传统技艺的高超精湛……这些非物质文化遗产，鲜活而生动地记录了浙江人民的文化创造和精神追求。

　　习近平总书记在浙江工作期间，高度重视文化建设。他在"八八战略"重大决策部署中，明确提出要"进一步发挥浙江的人文优势，积极推进科教兴省、人才强省，加快建设文化大省"，亲自部署推动一系列传统文化保护利用的重点工作和重大工程，并先后6次对非物质文化遗产保护作出重要批示，为浙江文化的传承和复兴注入了时代活力、奠定了坚实基础。历届浙江省委坚定不移沿着习近平总书记指引的路子走下去，坚持一张蓝图绘到底，一年接着一年干，推动全省文化建设实现了从量的积累向质的飞跃，在打造全国非物质文化遗产保护高地上迈出了坚实的步伐。已经公布的四批国家级非物质文化遗产名录中，浙江以总数217项蝉联"四连冠"，这是文化浙江建设结出的又一硕果。

历史在赓续中前进，文化在传承中发展。党的十八大以来，习近平总书记站在建设社会主义文化强国的战略高度，对弘扬中华优秀传统文化作出一系列深刻阐述和重大部署，特别是在十九大报告中明确要求，加强文物保护利用和文化遗产保护传承。这些都为新时代非物质文化遗产保护工作指明了前进方向。我们要以更加强烈的文化自觉，进一步深入挖掘浙江非物质文化遗产所蕴含的思想观念、人文精神、道德规范，结合时代要求加以创造性转化、实现创新性发展，努力使优秀传统文化活起来、传下去，不断满足浙江人民的精神文化需求、丰富浙江人民的精神家园。我们要以更加坚定的文化自信，进一步加强对外文化交流互鉴，积极推动浙江的非物质文化遗产走出国门、走向世界，讲好浙江非遗故事，发出中华文明强音，让世界借由非物质文化遗产这个窗口更全面地认识浙江、更真实地读懂中国。

现在摆在大家面前的这套丛书，深入挖掘浙江非物质文化遗产代表作的丰富内涵和传承脉络，是浙江文化研究工程的优秀成果，是浙江重要的"地域文化档案"。从2007年开始启动编撰，到本次第四批30个项目成书，这项历时12年的浩大文化研究工程终于画上了一个圆满句号。我相信，这套丛书将有助于广大读者了解浙江的灿烂文化，也可以为推进文化浙江建设和非物质文化遗产保护提供有益的启发。

前 言

浙江省文化和旅游厅党组书记、厅长 褚子育

　　"东南形胜，三吴都会，钱塘自古繁华。"秀美的河山、悠久的历史、丰厚的人文资源，共同孕育了浙江多彩而又别具特色的文化，在浙江大地上散落了无数的文化瑰宝和遗珠。非物质文化遗产保护工程，在搜集、整理、传播和滋养优秀传统文化中发挥了巨大的作用，浙江也无愧于走在前列的要求。截至目前，浙江共有8个项目列入联合国教科文组织人类非遗代表作名录、2个项目列入急需保护的非遗名录；2006年以来，国务院先后公布了四批国家级非物质文化遗产名录，浙江217个项目上榜，蝉联"四连冠"；此外，浙江还拥有886个省级非遗项目、5905个市级非遗项目、14644个县级非遗项目。这些非物质文化遗产，是浙江历史的生动见证，是浙江文化的重要体现，也是中华优秀传统文化的结晶，华夏文明的瑰宝。

　　如果将每一个"国家级非遗项目"比作一座宝藏，那么您面前的这本"普及读本"，就是探寻和解码宝藏的一把钥匙。这217册读本，分别从自然环境、历史人文、传承谱系、代表人物、典型作品、保护发展等入手，图文并茂，深入浅出，多角度、多层面地揭示浙江优秀传统文化的丰富内涵，展现浙江人民的精神追求，彰显出浙江深厚的文化软实力，堪

称我省非遗保护事业不断向纵深推进的重要标识。

这套丛书，历时12年，凝聚了全省各地文化干部、非遗工作者和乡土专家的心血和汗水：他们奔走于乡间田野，专注于青灯黄卷，记录、整理了大量流失在民间的一手资料。丛书的出版，也得到了各级党政领导，各地文化部门、出版部门等的大力支持！作为该书的总主编，我心怀敬意和感激，在此谨向为这套丛书的编纂出版付出辛勤劳动，给予热情支持的所有同志，表达由衷的谢意！

习近平总书记指出："每一种文明都延续着一个国家和民族的精神血脉，既需要薪火相传、代代守护，更需要与时俱进、勇于创新。"省委书记车俊为丛书撰写了总序，明确要求我们讲好浙江非遗故事，发出中华文明强音，让世界借由非物质文化遗产这个窗口更全面地认识浙江、更真实地读懂中国。

新形势、新任务、新要求，全省文化和旅游工作者能够肩负起这一光荣的使命和担当，进一步推动非遗创造性转化和创新性发展，讲好浙江故事，让历史文化、民俗文化"活起来"；充分利用我省地理风貌多样、文化丰富多彩的优势，保护传承好千百年来文明演化积淀下来的优秀传统文化，进一步激活数量巨大、类型多样、斑斓多姿的文化资源存量，唤醒非物质文化遗产所蕴含的无穷魅力，努力展现"浙江文化"风采，塑造"文化浙江"形象，让浙江的文脉延续兴旺，为奋力推进浙江"两个高水平"建设提供精神动力、智力支持，为践行"'八八战略'再深化，改革开放再出发"注入新的文化活力。

目录

兰溪古为越地，地处三江之汇，六水之腰，有"七省通衢"之称，历经秦汉、魏晋，至唐咸亨年间（670—673）建县，承载吴越文化底蕴，积淀了深厚的商埠文化，文物资源丰富，非遗项目众多。

兰溪民间自古有敬宗尊祖之风，重祭祀，矜谱系，尚门第。祭祖是孝道的延伸，在祠堂祭祀活动中，氛围凝重肃穆，人们默念逝者生前的功德，祈祷先祖庇护，进行超越时空的心灵沟通。通过祭祀来传承孝道的举措蕴含丰富的生命信仰与道德学问。中国古代思想家认为，"孝"是一种从人类的天性中所产生的至高无上的情感，这种情感转变成了纯洁崇高的道德信念，于是，"百善孝为先"成为中国古代社会公认的准则，而薄情寡义、六亲不认的人则为世人所不齿。如果一个人对长辈、对父母不尊重、不孝敬，又怎么可能善待别人呢？不能孝顺父母的人又怎么可能对家庭、家族、国家、人类做出多大贡献呢？《百孝经》所言的"孝子齐家全家乐，孝子治国万民安"就是这个道理。在儒家文化中，"孝"是第一位的伦理道德观念。孔子有云："孝悌也者，其为仁之本与！""孝"是"仁"的根本。祭祀与孝道关联的另一层意义是，孝顺父母，追念祖先，犯上作乱的人就少，社会道德风尚就会好起来，以达到所谓"慎终追远，民德归厚"的效果。

2014年9月，习近平总书记在纪念孔子诞辰2565周年国际学术研讨会暨国际儒学联合会第五届会员大会开幕会上强调，中国优秀传统文化的丰富哲学思想、人文精神、教化思想、道德理念等，可以为人们认识和改造世界提供有益启迪，可以为治国理政提供有益启示，也可以为道德建设提供有益启发。

诸葛后裔祭祖是一项宗族祭祀活动，诸葛后人自诸葛大狮择高隆岗建居起，以其先祖诸葛亮为榜样，制定严格的祖训宗规，经营了差不多六百七十年，使诸葛后裔人才辈出。其子孙秉承"不为良相，便为良医"的祖训，于大江南北经营药材，资金源源不断，厅堂馆舍不断翻新，宗族凝聚力不断加强，形成一股较为强劲的宗族力量。"文化大革命"期间，文物遭严重破坏，传统民俗活动也无法正常进行，诸葛后裔充分运用群众智慧，采取各种办法，使祖先留下的珍贵遗产得以较好保存。改革开放后，随着村民物质生活条件的提高，隆重的祭祖活动又开始了，并持续至今，呈现出古朴恒久的民俗风情。

诸葛后裔祭祖是明清以来兰溪孝道文化、民俗文化传承的"活化石"，通过祭祖活动，人们追忆先祖，传承孝道，涵养德行，在对生命表示敬畏的同时，表达报本感恩之情，抒发弘道扬善之志。

当然，在民俗活动中，我们必须辩证地看问题，辨别那些为时代所淘汰的、腐朽的、落后的、迷信的内容，剔除其糟粕，吸收其精华，从而使民俗活动在社会发展的滚滚潮流中得到净化和升华。正如习近平总书记所说，传承中华文化，绝不是简单复古，也不是盲目排外，而是古为今用、洋为中用、辩证取舍、推陈出新，摒弃消极因素，继承积极思想，"以古人之规矩，开自己之生面"，实现中华文化的创造性转化和创新性发展。

希望诸葛后裔祭祖在民俗节庆活动和对外交流过程中更好地活态保护传承，在新时代发出其闪亮的正能量光芒。

兰溪市文化和广电旅游体育局局长　张靓

一、概述

祭祀大致是指祭神、祭祖，我国上古时期就有祭祀活动，尤以殷商为盛。祭祀是孝道的延伸，其内涵是：我辈的生命是祖先所给，崇拜祖先就是把祖先的生命延续下去，生生不息。随着经济社会的发展，人们的物质生活水平日益提高，祭祖风俗盛行不衰，礼节越来越复杂，祭品也越来越讲究，并逐渐形成了一定的规范。

祭祀活动往往以宗族为依托，宗族视祭祀先祖为第一要务，随着祭祀场所的不断演变，祠堂形成并逐渐普及，一般宗族祭祀祖先的场所便固定在宗祠里，宗祠也成了家族其他主要活动的场地。

一、概述

[壹] 祭祀的历史渊源和宗族文化

一、历史渊源

祭祀，从文字结构来看，"祭"的上半部分，左边是牲肉，右边是一只手，下面是神；"祀"的左边是神，右边是巳。《说文解字》载："巳也，四月，阳气巳出，阴气巳藏，万物见，成文章，故巳为蛇，象形。"在中华文化中，阳为吉，阴为凶，民间认为，通过祭祀，可以出阳藏阴，趋吉避凶，趋福避祸。

祭祀大致是指祭神、祭祖，是根据宗教习俗或者社会习俗进行的具有象征意义的一系列行为或仪式。上古时代，生产力水平极其低下，人们在与大自然作斗争的过程中，面对变化莫测的自然界，深感人力的渺小。人类主要以狩猎、采集为生，生活资料完全靠大自然恩赐，由此产生了对大自然依赖和恐惧的双重情感。当时，人们相信人体之中存在某种幽灵，即"有灵观念"。人心中怀有这种"幽灵"，则万物皆有"灵"。随着社会经济的发展，特别是农业、畜牧业的形成和发展，"灵"又逐渐演化为精灵，继而又演化为神灵，最后演化为独一无二的主宰神，即人们通常说的自然神，与之相关的祭祀活动也开始形成。

　　文献记载，殷商时期，人们极度迷信鬼神。从十多万片甲骨卜辞中也可以看出，一切民事都被涂上了"神"的色彩，占卜祭祀特别多。商王一年之中无日不祭，大事小事无事不卜，殷墟甲骨卜辞大多是占卜的记录。占卜时，根据龟甲或者兽骨上的裂纹形状来判定吉凶，然后刻在甲骨上。殷商时的贞人是一种特殊的贵族，他们是专业的占卜、祭祀者，是那个时期垄断知识并披上神的使者外衣的阶层，只有他们才能与鬼神沟通，并可以驱神弄鬼、预测吉凶。《史记·殷本纪》记载，商王武乙对当时僧侣贵族特权过大十分恼火，想试试天意，命人作一木偶人，谓之"天神"，叫人与"天神"搏斗，木偶"天神"自然打不过。武乙又用革囊盛血，仰而射之，名之曰"射天"。谁知，这样做了之后，一场暴雷将武乙劈死，人们便说武乙是触怒了天神，殷人迷信程度因此加深。

　　殷商时期的祭祀方式主要有五种：一为伐鼓而祭，称为乡；二为舞羽而祭，称为翌；三为献黍稷而祭，称为尝；四为献酒肉而祭，称为祭；五是联合他种祭典，与历代祖妣合并祭之，称为胁。祭祀的对象与原始氏族时期没什么两样，也是鬼神和祖先、日月星辰、山岳河流、风雷雨电，天地万物无所不包，但最主要的还是祖先，包括列祖列宗。当时，人们把鬼神分为天神、地祇、人鬼三类，认为鬼神有很大的权威，能够决定人们的命运，所以对其十分崇敬，

尤其以人鬼为祭拜的主要对象。古人认为，祖先虽然死了，灵魂仍然存在，可以降祸、赐福于子孙，因此需要排定日程，虔诚祭祀。这种崇拜祖先的观念一直延续到今天，形成我国民俗文化的特色。

关于祭祀习俗，还有两个有趣的传说，都出自汉代。

传说一：

汉丁兰，幼丧父母，未得奉养，而思念劬劳之恩，刻木为像，事之如生。其妻久而不敬，以针戏刺其指，血出。木像见兰，眼中垂泪。兰问得其情，即将妻弃之。（《二十四孝》）

传说二：

蔡伦发明了纸，解决了写字困难。纸刚发明出来的时候，人们争着购买，很能赚钱。蔡伦的嫂子慧娘认为造纸有利可图，就让丈夫蔡莫去找蔡伦学造纸。蔡莫去到蔡伦那里，学了三个月，回来开造纸厂，但他造的纸质量不高，卖不出去，堆了满屋，夫妻二人望着纸捆，非常发愁。后来，慧娘想出一个办法，在丈夫耳边嘀咕一阵，让丈夫按照她说的办。

某天半夜，慧娘假装因急病而死，蔡莫则在她的棺材前边烧纸边哭诉："我跟弟弟学造纸，不用心，造的纸质量太差，竟把你气病了。我要把这纸烧成灰，来解心头之恨。"烧了一阵之后，只听见慧娘在棺材里喊："把门开开，我回来了。"这可把人们吓呆了。人们把棺材打开，慧娘装腔作势地唱道："阳间钱能行四海，阴间纸在做买卖。不是丈夫把纸烧，谁肯放我回家来?"

慧娘说："刚才我是鬼，现在我是人，大家不要害怕。我到了阴间，阎王就让我受推磨之苦，丈夫送了钱，就有许多小鬼帮我，真是有钱能使鬼推磨。三曹官也向我要钱，我把全部的钱都送了他，他就开了地府后门，放我回来了。"蔡莫装作糊涂："我并没有送钱给你啊?"慧娘说："你烧的纸就是阴间的钱。"这样一说，蔡莫又抱了几捆纸，烧给他的父母。

在场的人们一听，便以为烧纸有很大的好处，都向蔡莫买纸。慧娘慷慨地将纸送给乡亲，这事一传十，十传百，远近的乡亲都来买蔡家的纸，烧给自己死去的亲人。不到两天，积压的纸被抢购一空。慧娘"还阳"那一天正是农历十月初一祭祖节，因此，后人都在祭祀祖先时烧纸，以示对祖先的怀念。

有人说这两个传说是祭祖习俗的源头，这个说法有些粗浅。祭祀习俗可以推溯到远古时代甚至原始社会，至于祭祖，有史可载的起码能推溯到夏商时期。倒是第一个故事，讲的是孝子，其核心思想为"子欲养而亲不待"，在"百善孝为先"的中国传统观念中具有深远的影响。于是，这个丁兰成了香饽饽。粗略一查，"丁兰刻木事亲"的故事在全国各地都有流传，像无锡、丰县、杭州、襄樊、临澧、马鞍山、巍山、莆田、磻溪、洛南、兴平、修武、固始、沁阳等地，不但流传着丁兰故事的不同版本，许多地方还都有鼻子

有眼地说丁兰是他们那儿的人呢。

　　之所以点出这两个孝道故事，是因为祭祀是孝道的延伸。在西周，孝的含义有两点：一是尊祖敬宗，施孝的方式主要是祭祀，在宗庙通过奉献供品祭祀祖先；二是传宗接代，因为在当时的人们看来，我辈的生命是祖先所给，崇拜祖先就是把祖先的生命延续下去，生生不息。

二、宗族文化

（一）宗族文化略谈

　　宗族是由父系血缘关系的各个家庭在宗法观念的规范下组成的社会群体。大多数宗族史论著都认可家庭是宗族的基本单位，所以在很多时候也习惯把宗族称为家族。宗族现象几乎在世界所有民族的历史上都存在过，延续时间有的长达数千年，除了汉族，我国古代的匈奴、鲜卑、突厥、女真等游牧民族，南方一些以农耕为主的少数民族，外国如希伯来、德意志、斯拉夫等民族概莫如此。

　　宗族一般有宗祠、族谱、族规、族武装、族墓地等，其基本特征在于血缘性、聚居性、封闭性、稳定性、等级性、农耕性、自给性等，简要介绍如下。

　　首先，宗族是在一定的血缘关系的基础上形成的。血缘关系定格形成地缘关系，血缘关系与地缘关系往往表现出某种程度的合一。宗族内族权、父权、夫权统治广泛存在，体现出强制、依附、从属的宗法家长遗风。对违背族权、父权、夫权统治的人往往处以杖打、诛伐、革除出族等严厉的惩罚。其次，宗族共财制广泛存在。宗族组织往往作为聚宗合族、祭祀、修缮、互相救济、组织生产、抵御外敌的工具，这就需要实行一定程度的宗族共财制度，提供经济基础和物质保障。再次，宗族帮助本族的孤寡幼弱。在救济族人的同时，也参与地方社会的救济、赈灾和公益事业，通过这些措施，对地方社会稳定产生积极的作用。受历史、社会、文化条件的制约，宗族具有超稳定性和封闭性特征，这种超稳定性和封闭性既是宗族兴旺的胎盘，又是宗族繁衍的结果。

宗族对族人的教育是很重视的。在封建社会，权力是财富的象征，"当官发财"就是最好的诠释，大家族往往通过这个途径进一步巩固自己的经济社会地位。按照当时人们的价值观、社会观，如果一个宗族读书人多，那么当官做实业的就多，多能兴旺发达、光宗耀祖，可见人才是影响家族兴衰的关键因素。由于对教育的重视，有的宗族人才辈出，成为地方上的名门望族或者是科举家族，为政府提供了智力支持。以山东为例，明清时期，除了举世闻名的曲阜孔氏、邹城孟氏外，仅三代以上由科举入仕的即达数百家，其中颇有影响的也有数十家，如诸城刘氏、日照丁氏、无棣吴氏、滨州杜氏等。

兰溪诸葛后裔祭祖

　　在做好自身教育的同时，宗族也对地方的教育事业产生了重要影响。在官本位的中国封建社会里，以"学而优则仕"为特征的科举制度客观上加强了人们对教育，特别是对应试教育的重视。有的家族"白衣起为公卿"，并且成为地方上的望族和科举家族，极大地促进了当地人对教育的重视。

　　在传统社会中，家庭教育在培养个人品格方面发挥着至关重要的作用。在明清时期，宗族对族人的教育不仅是让他们科举中第，也要求他们修身养性。宗族对于"孝文化"的宣传与实践、宗族内部的"睦族观"和互助精神对于族人形成和信守仁、义、礼、智、信的观念以及做人为善的情操发展有很大影响。任丘边氏要求族人行好事，认为"行一件好事心中泰然，行一件歹事衾影抱愧。即此便是天堂地狱"，其劝诚族人行善之心不可谓不诚。鄞城华氏要求族人讲信用，"人不诚信者，皆因看得言语所关者甚小也。不知说一句便要应一句，非空言也"，并用孔子"人而无信，不知其可也"之语来勉励族人，其要求族人讲信之心不可谓不真。由此可见，在教育子弟、培养族人的良好品格以及宣扬和睦乡邻的观念方面，宗族起到了一定的积极作用。

（二）祭祖的历史演变

　　"国之大事，在祀与戎"，祭祀被当成国家大事，宗族也以之为大事。

　　远古时代，人们极端迷信，认为人死后灵魂不死，会在另一个幽冥的世界中生活。因此，人们不断地对死去的先人进行祈祷祭奠，以求死去的亲人保佑自己在人世间的一切利益。

　　祭祖涉及祭祀的场所、对象、祭期、祭品、祭具、程序以及主祭、参祭人员等元素，内容复杂。就祭祀场所而言，主要有寝祭、庙祭、墓祭。寝祭是家族中个体小家庭的祖先祭祀，所谓"寝"，按照族人们的理解，就是小家庭住宅的正房或厅堂。"庙"的本义是祖庙，后来才有祭祀山川神灵之庙和奉祀圣贤功德之庙。宋代以前，王室和贵族才有资格建立宗庙，王室的称太庙，贵族、官宦的称家庙，宋代以后的祠堂就是庶民化的宗庙。

祭祀迎会用的銮架

　　"祠堂"这个名称最早出现于汉代，当时的祠堂建于墓所，叫墓祠、冢祠，这些墓祠堪比宗庙，可以会聚宗亲、乡党。晋朝禁建墓祠，自此"虽贵为大夫，犹祭于寝"。宋代后，仍有不少地方建墓祠。墓祠不合礼制，低级官员和士庶又不具备建造家庙的资格，加上唐宋时期家庙制度的缺陷，少数权臣立庙僭滥，促进了影堂祭祀的产生和发展。北宋至和年间（1054—1055），丞相文彦博请敕令建家庙，太常礼官苏颂认为家庙制度的基础是"封土建国"制度，既然没有赐田和封爵制度，就可以学习唐人的"寝堂祠飨仪"，实行影堂祭祀。

　　影堂祭祀是以先祖的绘影图形、祠版为祭祀对象的简易祭祖形式，是一种嫁接了庙祭的寝祭方式，重要的是，它不论官爵之高低均可设立。司马光的《书仪》大力推崇影堂制度，又使得人们对这种简易祭祀的方式予以更多认同，并得到朝廷认可，在北宋普遍兴起。

　　司马光所倡导的影堂祭祀遭到了宋儒及后世的非议。鉴于此，朱熹写成《家礼》，开启了祠堂式祭祖方式，实际上是纠正《书仪》，尊重唐代以来同族祭共祖的习俗，吸收了民间祭祖习俗，改用祠堂之名，简化家庙建筑之式，完善寝祭之法。"古之庙制不见于经，且今士庶人之贱亦有所不得为者，故特以祠堂名之，而其制度亦多用俗礼云。"这个评价揭示了祠堂祭祀的实质是祭祖庶民化、制度俗礼化，这样既可以使庶民宗庙祭祖合法化，又可以促使宗族内的权贵与平民一同祭祖，更有利于"敬宗收族"。

根据朱熹的设计，在营造住宅之前，应先在正寝之东建立朝南的祠堂，量力而为，建祠堂三间或一间，中有四个神龛，神龛中放置收藏神主的神椟，神椟中放高、曾、祖、考四世八位神主。每个神龛前放有一桌，或四个神龛前共放一桌。祠堂的阼阶上设一香案，上置香炉、香盒。无后的伯叔祖父、伯叔祖母的神主祔于高祖父、高祖母，无后的伯叔父、伯叔母祔于曾祖父、曾祖母，这些神主男左女右，西向排列于所祔神主之前的桌子上。香案以南要留出空间，供家人祭祀时按序列队。祠堂东缭设立遗书衣物祭器库及神厨，"家贫地狭则止为一间，不立厨库，而东西壁下置立两柜，西藏遗书衣物，东藏祭器亦可""或有水火盗贼，则先救祠堂，迁神主、遗书，次及祭器，然后及家财"。朱熹的设计很简约，很实用，似也有古礼的影子。

当时，修建祠堂有等级之限，民间不得立祠堂，但宋末时民间建祠之风悄然兴起，朝廷也没有去认真制止，到了元代，祠堂就普遍地建立起来了。《明史·群臣家庙》言："明初未有定制，权仿朱子祠堂之制。"明嘉靖时期（1522—1566），干脆"许民间皆联宗立庙"。这样，宗祠不但比肩而起，更是大大突破朱熹的设计。朱熹的设计是依照小宗法祭祀四亲，而明清时期绝大多数宗族是仿

照大宗法的百世不迁，祭祀先祖代数自定，有的甚至远溯到得姓始祖。同时，祭祀的期限和方式也有很多变通的地方，如"清明冬至两祭""春秋二祭，各户自主。若冬至日，两户合祀。始祖良、让二祖配享，两户轮管"。有的联宗建祠，跨县越省，联结世系；有的宗祠之下又有支祠、房祠、家祠，支祠、房祠为族中各支派所建，用于供奉本支、本房的祖先，家祠则是一家或兄弟数家所建，只供奉两三代直系祖先。许是出于相互攀比的心态，祠堂规模越来越大，档次越来越高，成为一个宗族的形象工程。祠堂不仅是族人祭祀祖先的场所，还成了办理婚、丧、寿、喜等事的场所，也是族内的议事堂、处理宗族事务的办公厅、处罚人的公堂，还是族塾之所和族产管理中心，因而史学界大多称宋代以后的宗族为祠堂式宗族。

旧时族规甚严，别说是外姓，就是族内妇女或未成年儿童，平时也不许擅自入祠堂，否则要受重罚。中华人民共和国成立前后进行土改，许多村庄的族产、族田并没有被分掉，宗族组织也仍然存在。但农村土地集体化后，特别是1958年建立人民公社和公共食堂后，个人生存资源，包括房屋、树木甚至饭锅都被充公，于是，宗族完全丧失了物质基础，未经"专项打击"便"消亡"了。1962年土地下放后，宗族组织又有恢复和发展，但却在1966年的"破四旧"运动中被"红卫兵"彻底破坏，祠堂牌位被砸，族谱档案被焚烧，墓碑被推倒作建房材料。实行家庭联产承包责任制后，大多数宗族组织又建立或恢复起来，进行了大规模的修宗祠、续族谱等活动，延续到现在，干部群众参加宗族活动的情况非常普遍，不少人还利用互联网进行异地信息交流或同宗联谊，宗族文化变得更加丰富多彩。

[贰]祭祀的文化内涵

人类祭祀神灵、祖先，最初仪式比较简单，有的用竹木或泥土塑造神灵偶像，有的在石岩上画出日月星辰、野兽等神灵形象，作为崇拜对象的附体。祭祀时，在偶像面前陈列献给神灵的食物和其他礼物，并由主持者祈祷，祭祀者则对着神灵唱歌、跳舞，表示崇敬并求保佑。随着经济社会的发展，人们的物质生活水平日益提高，祭祖风俗盛行不衰，礼节越来越复杂，祭品也越来越讲究，并逐渐形成一定的规范。各地礼俗不同，祭祖形式也各异，有的到野外瞻拜祖墓，有的到宗祠祭祖，有的将祖先牌位依次摆在家中正厅，陈列供品，然后祭拜者按长幼顺序上香跪拜，不一而足。

一、祭祀的对象

祭祀的对象可分为自然神和祖先神。自然神是把自然现象视为神灵加以崇拜。当然，并不是所有的自然现象都是神灵，只有与人类有密切关系的自然物体或自然现象才可能成为人们祭拜的神灵。

自然神种类繁多。一是天体，包括天神、日神、月神、星神。

进入文明时代以后，天神地位与日俱增，成为诸神之首。人们将天神拟人化，认为天界为诸神所居，天帝为大，道教又将玉皇捧得至高无上。二是自然现象，包括风神、雨神、雷神、电神、火神等。三是非生物，包括山神、土地神、水神、石神、海神、潮神等，其中土地神又称社神。四是生物，动物神包括蛇神、熊神、鸟神、虎神等，植物神包括树神、草神、谷神、花神等。

　　祖先神是由祖先演变而来的神明，也就是说这类神既是祖先又是神明，大致可分为两类。

　　一类为以血缘为纽带的祖先。由于中国的宗法制度以男性为主轴，因此本宗族的男性在过世以后受到族人崇拜，同时受到崇拜的还有这个男性娶入的配偶，亦即外宗族或外姓的女性，她们的名字或姓氏经常被载入族谱，刻在墓碑或神主牌上。中国传统文化讲的"不孝有三，无后为大"，不仅是为了传宗接代，也是为了使人死后能够得到祭祀，得以延续香火。因此，古代人如果没有儿子，就有可能去找一个继子，以免死后断了香火。此外，没有后代但属同一宗族的先人也称为祖先。有些人由于各种原因死后没有后代，时间一久，族人就把他淡忘了，甚至连坟墓在哪里、名字叫什么都说不出来。有的宗族把这类祖先的遗骸葬在一起，由一些宗族后人或民间团体去祭祀，以免他们变成孤魂野鬼。无后代的男性虽然也被视为祖先，但在现实生活中，真正受到族人重视和崇拜的是那些有后代的人。

一类为没有血缘关系的特殊祖先。这类祖先被说成某些族群行业的开基祖，与现在的子孙有着虚拟的关系。如妈祖，妈祖名叫林默，是以中国东南沿海为中心的海神信仰，又称天上圣母、天后、天后娘娘、天妃、天妃娘娘、湄洲娘妈等。这一信仰的主体据说是由真人真事演变而来的。考察妈祖的生平得知，这一信仰来自民间传说。首先是传说，然后是传说的历史化和神化，最后形成普遍的信仰，即中国南方沿海以及日本、马来西亚、新加坡、印度尼西亚、越南、菲律宾等地所有善信的共同祖先。又如黄初平（约328—386），后世称其为"黄大仙"，是汉族民间信仰之一，著名道教神仙，宋代时被敕封为"养素净正真人"，一说出生于金华兰溪黄湓村，原是当地一名放羊的牧童，在金华山中修炼，得道升仙。黄大仙传说在港澳台等地流传甚广，今建有兰溪黄大仙宫、金华黄大仙祖宫，广州和香港等地建有黄大仙祠，香港亦有为纪念他设立的黄大仙区。黄大仙就由此成为一些善众的先祖。

此外为人们熟知的特殊祖先还有农耕文化的祖师神农氏，佛教的祖师释迦牟尼，道教的祖师老子、张道陵，教育界、儒教的祖师孔子。我国历史上五行八作的祖师爷，有的历史上真有其人，有的完全是虚拟人物，有的也少不了牵强附会，这些就是行业的祖先，都得到人们的祭拜，列举如下：

车行，祖师爷为马王爷，专管车行、牲口牙行，即马神，天上的天驷星，称"三眼华光"。又说是汉武帝时的匈奴王子金日磾，擅长养马。生日是六月二十三，民间在该日举行祭祀活动。

船行，祖师爷为孟公孟姥，或云冥公冥姥，因"孟""冥"二字发音近似。《船神记》云："船神名冯耳。"《五行书》言："下船三拜三呼其名除百忌。"

店铺行则有好几个神。钟三郎专管仆役业、服务业，他是玉皇大帝封的神仙，专到凡间普救开店铺、做生意的长随。孟尝君管旅店业，他是战国四公子之一，齐国宗室大臣，招揽各诸侯国的宾客以及逃犯，食客数千人。韩信管粮仓、米行，投靠刘邦后，他曾任粮仓管理员的头头治粟都尉。

衙役行，以萧何为衙门胥吏的祖师爷，他是汉代丞相，制定各种律令，为文官楷模。

太上老君管理冶铸业、铁匠、煤窑匠、补锅匠、碗筷匠、磨刀匠、蹄铁匠、金银匠等，他铸造八卦炉炼制丹药以求长生。

鲁班，即公输班，春秋时期鲁国人，创造过云梯、石磨及木作工具等，民间多有神化，管理竹木泥瓦匠、石匠、绳匠、棚匠、攒箔匠、张罗匠、雕刻匠、制伞业、风筝业。

胡令能，唐代诗人，圃田（位于河南中牟）隐者，少为负局镀钉之业（修补锅碗盆缸），人称"胡钉铰"，管秤匠、锡匠、铜匠。

二、祭祀的时间

根据中国民俗的特点，祭祀的时间有一定规律，最常见的祭祀时间有清明节、端午节、中元节、冬至、除夕，还有七月十三、十月初一、十一月十六、十二月二十三，同时，每月初一、初八、十五、十九、二十三、二十九和三十祭供，以消罪生福。祭祖一般按逝者卒日进行。

清明节，时间在公历的 4 月 5 日前后，为传统节日之一，又称踏青节、扫墓节等。古时，上至君王大臣，下至平头百姓，都要在这一节日祭拜先人亡魂。从唐朝开始，朝廷就给官员放假以便归乡扫墓。宋《梦粱录》记载："官员士庶俱出郊省墓，以尽思时之敬。"参加扫墓者不限男女和人数，往往倾家出动。

中元节，俗称鬼节，佛教称之为盂兰盆节。旧时，老百姓相信在这一段时间会有许多孤魂徘徊在阳间，所以要有许许多多普度祭拜的盛会来让他们早早地回去。

冬至，没有固定的时间，一般在公历 12 月 21 日—23 日之间，有"冬至大如年"一说，历代皇帝在这个日子祭天，民间则祭祖。冬至扫墓祭祖在长江以南很多地方至今非常流行。

除夕祭祖也是流传至今的传统风俗之一，这一方面是源于"百善孝为先"和"慎终追远"的传统观念，在辞旧迎新之际对祖宗先辈表示孝敬之意和怀念之情，另一方面是由于人们深信祖先神灵可

谢年

以保佑子孙后代，使子孙后代兴旺发达。这一传统习俗代代相传，人们每逢除夕总要举行祭祀仪式，感恩追始，祈求保佑。在过去，祭祖仪式一般于除夕下午在祠堂举行，仪式较为隆重。

金华地区各县市除夕前几天要谢年，一般用一张八仙桌或两张八仙桌相接，桌前围着大红桌帏，桌端放香炉蜡台，桌上陈放祭品。谢年所用的东西是很有讲究的，旧时一般都是六样，六杯酒、六碗茶、六碗饭、六样菜、六种甜点，因为"六"很吉利，代表着六六大顺。祭品有用红漆祭盘盛装的猪头、全鸡、鱼两条（鱼头须朝里）和用瓷盆装的豆腐、糖、索面、盐酱及糕点水果等。祭桌前方还有两叠年糕，用米粉捏成的两只元宝放在年糕上，元宝下面压着用红纸剪成的"福"字。摆完供品即放礼炮以迎接神的光临。家中长辈望空祭拜，三拜九叩，祈求来年吉祥，再焚烧锭帛，洒酒于地。以兰溪为例，谢年一般是农历十二月二十八至十二月三十。现在，谢年的仪式和祭祀用品不像旧时规范，家家户户凭着记忆操持，各有不同。谢年后再祭祖宗，即"拜太公"。有的人家点香持灯笼往祖宗埋葬方向的路边迎接祖宗进门，酒斟三巡，然后供饭，再搁筷子于饭碗上，表示供膳已毕，接着三拜九叩，向祖宗祈福，焚化锭帛，与酒同浇在锡锭帛灰上。很多人谢年后到自家祖坟上祭拜。祭祀从坟地中辈分最高者开始，把猪头、全鸡、豆腐饭、纸钱、香等祭品带到坟前摆好，磕头行礼，再用小酒杯倒酒摆在地上，依次祭完之后，在坟前烧纸插香。吃完年夜饭后，还要祭拜一次，仪式大致与谢年差不离。

其他祭祀时间，如七月十三，是地藏王菩萨的生日；十月初一，是十月的第一天，此后气候渐渐寒冷，人们怕在冥间的祖先灵魂缺衣少穿，祭祀时除了食物、香烛、纸钱等一般供物外，还有一种不可缺少的供物——冥衣，所以被称为寒衣节，一说起自孟姜女千里寻夫送寒衣的故事；十一月十六，此日祭供，有请求佛祖超度亡灵的意思；十二月二十三，俗称小年，是送灶神、祭祀迎春之日。随着历史发展，这些烦琐的祭祀活动有很多已经逐渐淡出人们的生活。

三、祭祀的场所

早期的祭祀没有固定的场所，随时随地均可祭祀。后来，祭祀逐渐变得程式化、规范化，出现了固定的场所。最初的祭祀场所是比较简单的，如祭天，或在高山上，或在大树下，或在水边，或在杆下。后来，为了表示对神灵的虔诚，便修建了神庙或祭坛。古今主要祭祀场地大致如下。

平地，是最原始最简单的祭祀场所。最重要的祭祀，祭祀场所反而最质朴，往往不用封土作坛，只把一块平地扫除干净即可祭祀，称之为"墠"。

坛，《礼记·祭法》曰"封土为坛"，即用土石堆砌成一个高出地面的祭坛。因祭祀对象不同，坛有不同的形状。祭天用圆坛，古称"圆丘"；祭地用方坛，古称"方丘"。秦汉封禅礼是在泰山顶封土为坛以祭天，叫"封"；在梁父山扫地为墠以祭地，叫"禅"；两者合称为"封禅"。

平坑，就是在地上挖一个大平坑作祭坛，古人称"坎"。《礼记·祭法》说："掘地为坎。"坛与坎是相对的，坛高起为阳，坎下陷为阴。

宫庙，在坛或墠的基础上筑墙盖屋即成为"宫"；在宫中陈列祭祀对象以后，就成为"庙"。宫庙最初只是为人神而建造的，后来，许多神灵有了庙，如土地庙、龙王庙、城隍庙，等等。但社坛

白露山慧教禅寺

上不得盖房，否则即被视为"丧国之社"。

坟墓，在坟场墓地祭祀神灵是较原始朴素的方法，多用于祭祀祖先神。古人认为，到坟墓祭祀离祖先最近，祖先神听得最清楚。《礼记·檀弓下》记载："吾闻之也，去 [1] 国则哭于墓而后行，反其国不哭，展墓而入 [2]。"

厅，在江南一带，几乎每一个家族都建有家庙，俗称大厅。大厅有三进，分上厅、中厅、下厅三层，上厅供奉列祖列宗牌位，中

----

[1]　去：离开。

[2]　展墓而入：要先到先祖的墓地上看一看，然后进城。

厅、下厅平时空着，也有族人堆放杂物。祭祀时节供族人祭拜祖先，平时供族人议事。遇上族人过世，便是办丧事的场所。

四、祭品及处理方式

祭祀神灵要准备好供品。供品跟所祭神的喜好有关，因为人有七情六欲，神灵也是如此。人们对神灵有所祈求，舍得拿出自己最好的东西祭献，以博得神灵的欢心，所以祭品多种多样。

其一为献食。民以食为天，最初的祭祀以献食为主要手段。《礼记·礼运》称："夫礼之初，始诸饮食。"祭礼起源于向神灵奉献食物，只要燔烧黍稷并以猪肉供神享食，凿地为穴当作水壶而用手捧水献于神，敲击土鼓作乐，就能够把人们的祈愿与敬意传达给鬼神。研究文字的起源也会发现，表示祭祀的字多与饮食有关。

在诸多食物中，又以肉食为最。在原始采集和狩猎时代，肉食是人们拼着性命猎来的。原始农业和畜牧业发展起来以后，肉食仍极为宝贵。孟子构想的理想生活就以70岁能吃上肉为重要标准，弟子拜师的礼物也不过是两束肉干，可见肉食的难得。正因为如此，肉食成为献给神灵的主要祭品。

古代用于祭祀的动物叫"牺牲"，指马、牛、羊、鸡、犬、豕等牲畜，后世称"六畜"。六畜中最常用的是牛、羊、豕三牲。鱼、兔、野味也用于祭祀，但不属"牺牲"之列。祭祀也有用人的，但人本身不叫"牺牲"，古书只说"用人"，不说"人牲"。

作为祭品的食物除"牺牲"外，还有粮食五谷，称"粢盛"。鲜嫩的果品蔬菜在民间祭祀中也是常用的祭品，《诗经》中屡屡提及。佛教传入中国后，斋祭中果品更丰。另外，酒也是祭祀神灵的常用祭品。

其二为玉帛。神讲究衣着饰物，祭品中少不了玉帛。《左传》载："牺牲玉帛，弗敢加也。"玉帛包括各种玉制礼器和皮帛，这是食物之外最常用的供品，在祭祀中有非常重要的作用。《周礼》里有以玉做六器以礼天地四方之说。玉是贵族佩带的宝物，在缺少金银饰品的古代，玉是十分名贵的。人们把玉视为美好的代名词，连想象中天神的居处也称为玉台。帛是丝织物的总称，是贵族用于御寒蔽体的生活资料。古代普通人仅能以葛麻为衣，《左传》记述的卫文公也不过以帛作冠，可知帛在古代是极为珍贵的。

其三为用人。以人做祭品祭献神灵，古书称"用人"，后世称"人祭"。人祭起源于原始社会，部落战争中的俘虏，女性可以充当妻妾，儿童可能被收养入族，而成年男子都被杀祭神灵。商代的人祭之风炽盛，有火烧、水溺、活埋、刺喉沥血和砍头，甚至于把人剁成肉泥，蒸为肉羹。春秋时期的人祭现象虽不像商代那样触目惊心、惨不忍睹，但也并不罕见。

以人作祭品的另一现象是为男神提供美女，面目姣好的女奴成为色欲的牺牲品。为了满足想象中的神灵贪恋女色的欲望，产生

了以美女为祭品的习俗。古籍载，秦灵公时曾经用公主妻河，而战国时魏国邺地"河伯娶亲"的闹剧更是荒唐。此外，人祭中还有以童男童女祭神灵的现象。

其四为用血。血是一种特殊的祭品。古人相信，血是有灵魂的，能维持人或动物的生命，一旦失血，就意味着受伤甚至于死亡，好像血有一种神奇的力量。作祭品的血有人血，也有牲血。佤族有猎人头作祭品的习俗，将人头血掺以灰烬和谷种播进地里，能促进谷物的生长。锡伯族祭祀地神时，把杀猪得来的猪血洒在地里。一些彝族人祭地时以鸡毛蘸血沾在象征土地神的树枝上。

祭品如此丰富，祭祀的方式也很多。对于不同的祭品，古人采用燔烧、灌注、瘗埋、沉没、悬投等不同的处理方式。

燔烧，祭天神使用。西周以前，日神最受重视，甲骨文有"出入日，岁三牛"的记载。周代开始，"祭天之礼，兼及三望"，其中"三望"指的是日、月、星。祭天的方法，据《礼记·祭法》所说，是"燔柴于泰坛"。《周礼·春官》中有"以实柴祀日月星辰"之说。在古人看来，天神在上，非燔柴不足以达之，燔祭时烟气升腾，直达高空，容易被天神接受。

灌注，祭地神使用。《周礼·大宗伯》说："以血祭祭社稷。"把用来祭祀地神的血和酒灌注于地，血、酒很快就渗透到地下，人们认为这样可以达之于神。

瘗埋，就是挖坑将祭品掩埋，祭山神和地神使用。在《山海经》所列的各种山神祭法中，瘗埋占绝大多数。祭地神时除将血、酒灌注于地，其他祭品则要挖坑瘗埋。孔颖达疏《礼记·郊特牲》曰："地示在下，非瘗埋不足以达之。"也就是说，只有将祭品埋于地下，地神才会知道人们正在祭祀他，才能接受祭品。

沉没，祭水神使用。水神居住在水下，将祭品沉入水中，容易被水神接受。《竹书纪年》《帝王世纪》等书中有帝尧沉璧于洛水以祭洛神的记载，这可能出于传说，但甲骨文记载的"求年于河，奈三牢，沉三牛，俎牢"是确凿可信的。用人祭河神的记载在甲骨文中也有出现。

悬投，祭山神使用。"悬"又叫"升"，就是把物品悬挂起来礼神。《尔雅·释天》记载："祭山曰庪县。"《山海经·北次二经》记载的方法是，将祭祀用的玉璧和玉珪向远处投掷，而不陈列祭品。

五、祭祀的一般禁忌

旧时祭祀有很多讲究。满族在院内东南树索罗杆，不许在神杆下拴马和喂家禽。祭祀前要进行斋戒，包括沐浴更衣，不能喝醉酒，不得食肉动荤，不得参加吊丧，不得问候病人，不得淫邪玩乐。总之，一切不吉利的肮脏事都不得参与。祭祀日还有十二禁忌：一忌意不诚笃；二忌仪度错乱；三忌器物不洁；四忌生气口角；五忌

衣冠不整；六忌闲谈外事；七忌嬉笑无度；八忌长幼无序；九忌投犬顿器；十忌刀勺声响；十一忌内祭未毕，不洁出屋；十二忌外祭未毕，不洁入屋。兰溪地区大年祭祀，特别是谢年时，外人不得串门，不得观看，家中大人小孩不许嬉笑闲话，讲究很多，不一而足。

[叁] 现实意义

诸葛后裔祭祖是后人祭祀先祖诸葛亮的宗族祭祖习俗，具有以下特征：一是历史悠久，从明代开始便以春秋二祭的祭礼祭祀先祖诸葛亮，延续至今；二是内容丰富，祭祖活动场面浩大，祭祀礼仪流程烦琐，集史学、文学、美术、音乐、舞蹈、服装设计、食品制作、场景布置等多重传统艺术元素于一体；三是祭祀程序规范完整，沿用《敕赐忠武侯庙规祭文祭品》一文中的祭祀过程，从准备阶段、祭祀阶段到祀后阶段，每个阶段都有相应的程序；四是流传地域广泛，20世纪90年代初，诸葛村恢复祭祖活动，仪式逐步完善，影响力逐渐扩大，现在已影响到全国有诸葛亮遗迹的各个地方。

明末清初，诸葛村就号称有18座厅堂、18口池塘、18口水井。至今尚有50余座明清古建筑保存下来，绝大多数雕梁画栋，工艺精湛。据国家文物局专家组、浙江省考古研究所专家实地考察，认为像诸葛村这样规模大、年代早、数量多、结构精致、布局合理、保存完整的古建筑群国内罕见，具有极高的历史文化价值和科学研究价值。

同时，诸葛后裔祭祖在现代社会中具有影响深远的现实意义。首先，祭祖是维持统治秩序与道德关系的一种伦理手段，其目的在于增加整个氏族的凝聚力，增强个人的归属感。因而，祭祖以及由此形成的一系列宗族制度就成了中国伦理文化的中心。其次，诸葛后裔祭拜的是先祖诸葛亮，他忠君爱民，智慧超群，是后世学习的榜样，在国内外都有较为深远的影响。纪念他，以他为榜样，已成为国人的一种崇高追求，祭祀活动能教育后代以增强自豪感。再次，祭祀活动是一种综合的艺术表现形式，使人们得到审美愉悦，起到陶冶情操的作用。最后，祭祀活动宣扬的是孝道文化，以祭祀形式表现对祖先的敬重，传承的是中华民族以孝为中心的文化理念。

目前，诸葛后裔祭祖得到了较好的活态保护传承，在新时代经济社会发展中有着重要的现实意义。

二、兰溪诸葛后裔祭祖的基本内容

我国有「慎终追远」的传统，按照民间的观念，自己的祖先和天、地、神一样必须顶礼膜拜。《高隆诸葛氏宗谱》载，明朝嘉靖皇帝的《敕赐忠武侯庙规祭文祭品》一文中有「春祭用次丁日，秋祭用八月二十八日」一句，是为两祭。诸葛村祭祀先祖诸葛亮按照此两祭规定。诸葛村还要在冬至举行祭冬，即于冬至日在丞相祠堂举行全族祭祖仪式，并请老年人吃福酒。此外，作为一个颇有历史的宗族，高隆诸葛氏至今修谱十六次，宋元时期两次，明清两代十二次，一九四七年一次，一九九五年一次，每次修完谱后都要举行隆重的祭谱活动。

二、兰溪诸葛后裔祭祖的基本内容

　　诸葛后裔的春秋两祭主要是祭祀先祖诸葛亮的主题性活动。祭冬是祭祀诸葛宗族的列祖列宗，祭祀完毕后还有吃福酒活动，邀请诸葛村 60 岁以上的老人参加，分发馒头等食物，除祭祀去世的先人外，增添了尊敬老人的孝道文化内涵。至于祭谱，则相当于告知祖先诸葛村一脉后代繁衍发展的情况，有一定的承前启后的文化内涵。

［壹］诸葛古村落宗族文化

一、家族繁衍脉络和古村形成发展

　　《高隆诸葛氏宗谱·序》（1947 年陈果夫撰）载：

　　　　诸葛氏为汉初诸县侯葛婴之后，而光大于三国两晋之际。三国时，瑾亮昆仲佐吴相蜀，割据寰宇，开济两朝，而亮之卓才远识，尤并世而无二。亮子瞻，瞻子尚，继遗志，与魏战，城破殉节。瞻子京，仕晋，官至广州刺史，有祖父风烈，吏民称之。子冲廷尉，孙铨，零陵太守，曾孙颖，正议大夫。五传之爽，仕唐，为司空、河南节度使，子仲芳袭之并有贤声。孙浉，五代唐时，宦游山阴，

以寿昌县令终，遂家焉。其子青，则迁兰之始祖也。民国十九年版
《寿昌县志》载：诸葛浰，成都人，五代唐时为寿昌县令。又《高
隆诸葛氏宗谱·卷之首·恩纶》载，南宋绍兴四年三月十一日，敕
大理评事诸葛辉送书一旨称："朕闻祖所著八阵图，原稿在外，可送
进来看；如有别书，俱送进来看。钦哉！"

由此可知，诸葛浰入浙宦寿昌之后，两宋之世，朝野皆知他
是诸葛亮嫡传后裔，为浙江诸葛氏始祖。浰之子青，字显明，为寿
昌教谕，曾避乱隐居寿昌县翠溪源杨村，娶徐氏，无出，再娶叶氏

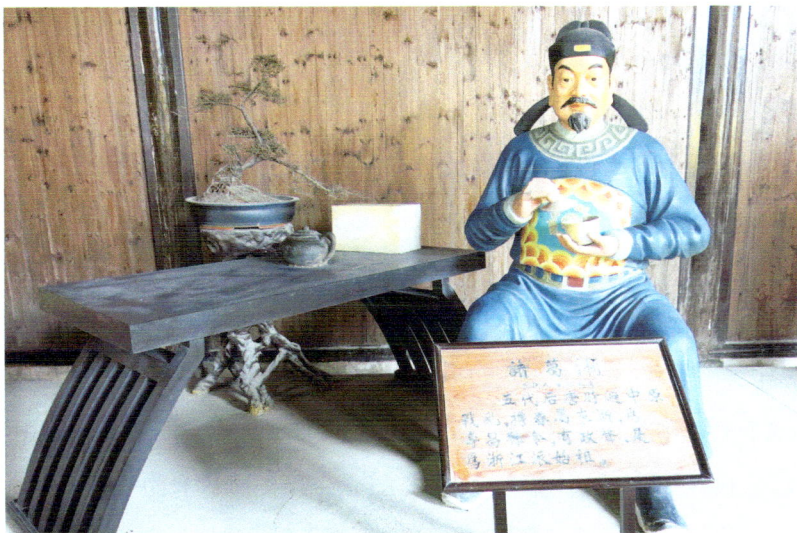

诸葛浰像

十娘，生六子，是为浙江人六支之始。其后，五子皆随青由寿昌徙居兰溪凤乡之岘山下，惟六子承遂出赘山阴甲子巷王家。青之长子承荫八传至益，迁寿昌泉麓而定居；次子承佑之五世孙林迁居寿昌西乡八都石鼓之金鸡岭背；青之四子承奕之志庆，由泉山下徙居龙游华龙村，为华龙始迁祖；青之五子承咏居岘山下之前诸，历六世而无考；惟青之三子承载迁南塘水阁，历十一世至诸葛大狮（威公，行宁五），始卜居高隆，即今诸葛村，时为元朝中后期，迄今已有六百七十余年历史。

据《高隆诸葛氏宗谱》考证，当时同迁高隆之人有祥三公妻王氏，瑞二公原信，瑞三公原伸，瑞二公妻唐氏，瑞三公妻徐氏，瑞二公女，瑞三公长子榡（即安一公）、次子萱（即安二公）、三子芳（即安三公）、四子兰（即安四公）、五子常（即安五公），共十一人。安三公娶妻邵氏，生四子，其中原五公、原七公、原九公分别为高隆诸葛氏孟、仲、季三分支的祖宗。这一支人丁昌盛，历代出仕者颇多，又有善于经商行医者，家族发展很快，其子孙除居住在诸葛村外，还有侨居海外、迁居他省的。宗谱记载，至今，高隆诸葛氏有子孙三千多人，从四十六代至五十五代均有。另外，承载公派下子孙在诸葛村和诸葛村周边的几个村落都有居住。其中兰溪市前宅村有约六百人，萧家村有约三十人，下田塍村有约一百人；杭州市建德市寿昌城北村有约一百二十人，白下诸坞村有约一百八十人，诸家村有约一百三十人；金华市婺城区白竹村有八百多人；衢州市龙游县新王诸家村有一百多人；杭州市富阳区新登镇诸家庄有一百三十多人。

至此，诸葛古村落的形成发展有了比较清晰的脉络。

元、明、清至今，诸葛村学风蔚盛，人才辈出。清光绪《兰溪县志》列传的诸葛氏裔孙有 16 人，其中在诗词、书法、史学方面留下著作的有 8 人。明、清两代，全村有进士 5 人，举人 11 人（其中含武进士、武举人各 1 人），分别占同期兰溪进士和举人总数的 5% 和 4.8%；贡生 35 人，占同期兰溪四类贡生总数的 9.8%。清乾隆五十三年（1788）戊申科，兰溪有举人 3 名，均是诸葛村人。此外，还有非科举入仕途为史的所谓"仕籍"和"人物传略"者，载入县志的有 23 人，受各种封赠者 21 人。

在科举时代，诸葛村私塾兴盛。清宣统元年（1909），办有高隆初等小学堂。1911 年，创办群英国民女子学校。1912 年，时任香港浙江商会会长的诸葛韵笙牵头在兰溪县城开办私立兰溪中医专门学校。1977 年恢复高考制度以来，村里对考上大学的学生实行奖励制度。据不完全统计，该村现有教授和高级工程师 19 人。

二、宗族组织和族规家训

旧时，族中大事一般由族长、首事主持，而族长、首事大多由族人推选士绅长辈担任，同时，推选执事（厅董）若干人，共同掌

管各派的产业。丞相祠堂、大公堂的首事从孟分、仲分、季分三个二级厅堂的首事中推选均等数目人员来担任，一般有包括祠正（总族长）在内的祠任十位，每年春、秋两季都要开一次例会，若有重大事件也可临时召开大会，商议决定。

诸葛政清编著的《兰西诸葛简史》（1947）载有季分派尚礼堂厅董交接清单，单中有"代录人本任祠任诸葛维章（印）（崇信堂派）居住信堂路十七号"字样，其中的祠任即是丞相祠堂总祠的祠任。诸葛政清编著的《本厅汇录要观》（1931）第二段载有《本分公举大宗祠担任董事之裔孙》一文，全文如下：

民国十四年冬至后三日，在本厅第一次投票，公举大宗祠董事，得票当选者列后：睿行瑞生得十八票，睿行政清得十八票，明行碧严得十五票，三荣堂聪行芳林得十七票。至民国十五年秋月明行碧严去世后，遂举睿行瑞康接理。后因瑞康有事往沪，决意辞职，复举通行润生接任。凡大宗祠议定董事之职，以三年为期满，故至民国十八年十二月初四日，在本厅第二次投票，改选董事，得票当选者列后：睿行政清得廿一票，通行润生得十七票，睿行瑞生得十七票，三荣堂聪行芳林照旧接任。

文中所说的"本厅"即高隆诸葛氏季分派的尚礼堂，"大宗祠董事"即丞相祠堂的祠任，分配给季分派的名额为四人。

高隆诸葛氏孟、仲、季三房派各设有族长，下面分支派又设有房长，而具体到某一家庭，则由辈分高、年长者为首。若为同一辈分，则以年长者为大，有"长子代爷职"的约定俗成的规矩。族长、房长则须公推选举，由辈分高的年长者担任，凡族中大事或家庭中的要事都须请族长、房长主持。族中大事有一套严格的管理制度，人员组合规范，职责分明。

为了约束族中子弟的言行，高隆诸葛氏宗族在长期繁衍生息中形成了一套完整的族规家训，以此建立族人的行为规范和道德准则。这在《高隆诸葛氏宗谱·卷之首》里有明确的记载，现摘录部分如下。

砥基文簿序训

尝谓居家理故治可移于官，未有家不齐而能治其国者。吾家本以清白相传，自忠武侯发轫以来，千有余年，生生不已，或出仕于朝，或藏修于野，兴替靡常，历历可考。吾先父安三公赋性温仁，治家朴实，一行一语皆可法则。生我昆季三人，叨蒙鞠育之恩，颇切承先之志，常怀兢惕，甚于冰渊，必求和愉，共推梨枣，业虽守旧，产亦颇增，昔之缺而未备者，今且以渐而加。辛劳五十余载，庭无间言，非吾兄弟之能，实出祖宗之荣庇也。常言"人生不满百，

常怀千载忧"，予年五十有二，自叹日暮西山，形衰力倦，岂能长保寿考，欲效张公艺，九世不分上也。只恐子孙众心不一，各妻其妻，各子其子，违背前人教命，妄起争端，今将议存留作众产者，书于簿籍，号"公堂砧基"，欲期永世不动之意，令谨厚子孙业之。遇收成之际，勤取田租，并约束家人，斧斤以时，数罟不入，屋宇田园不致荒芜，及时修理。凡用人当审其诚实，驱仆必念其饥寒。所积钱谷除公用外，必须稍存赢余以备不虞。当官者亲君子，远小人；治家者去奢华，存淡薄。凡百行事，勤俭力上。吁后之子孙，苟能恪守诚言，庶几家声永远而不坠也。

诸葛彦祥

正统九年岁次甲子夹钟月吉日

南阳岘峰原五书

诸葛氏家规

凡冠礼须子弟十六岁以上，筮日，筮宾立于阼阶，醮于客位，诚重之也。盖冠者成人之道也，责以成人之道，可不重欤？

婚姻万世之始，夫妇人伦大纲，其事不可以不慎重。须选故家门户相当者，然后纳采问名。倘贪图利便，勿问家声，不但气骨谫陋，种类庸贱，且内则不娴，性情乖戾，败坏风俗，关系不浅。犯者不许登堂与席，谱牒不得载其姓氏。至以女许配，尤宜择选名门巨族，不得贪图财物，滥许小姓，贻害子女，玷辱门风，莫此为甚。如有犯者，断行革出宗祠。

丧事丰俭，固称家之有无。但君子不以天下俭其亲，凡附身、附棺者，须尽心竭力，不可悭吝，以贻终身之憾。殡葬、祭奠事宜，悉依文公《家礼》，不可惑于浮屠忏悔，诬亲不义。

宗祠祭冬任事人等，须先期虔备猪、羊品物，荤素食桌，临期黎明，约束派下老幼子孙，俱宜斋戒洁服，齐至祠中，肃静序立以祭，毋得迟延、怠惰并喧哗相揖，以冒不敬之罪。至于有制者与祭，当易以常服，以致尊祖之忱。盖祭于"五礼"，属吉礼，云：白衣冠不可与祭。如有服者，易以墨衰，方可从事。

凡祖父生讳忌辰，子孙须先期斋戒，黎明奠祭。设遗像，宣祝文，致祭之物，宜思其平日所嗜，以供奉之。盖事死如生，追思感慕之忱，固应尔也。

送神主入祠，人子宜易以素服，奉主徐行，作乐引导，其亲属俱易常服以送之。妇女概不必送及至庙。先奉主拜祖，次安置于本位。盖入庙，所以安神灵，定居处，若仍以衰麻哭泣从之，殊为非礼。

孝为百行之源，本源一亏，则他端俱无足取。族中弟子倘有忤逆父母及游荡、贪饮，不顾父母之养者，重责示警，仍革出祠。然止能奉养父母而不能爱恤弟兄，犹然不孝也。故善体亲心者，又

贵友于兄弟，至于孝友之念，欲久而不衰者，更惟在不听妇人言。此意大参公家训详言之，兹不复赘。

凡子弟资性聪敏者，舞勺时便当择师友，课读书，长辈稍加优礼。其有家计不足而志趣向上者，至亲宜资以成就之。若钝拙之辈，即当督其耕种、习艺，倘有不事生理、游手游食者，祠中杖儆，仍罚及父兄。

凡子弟倘有奸盗、诈伪、败论圯者，送官正法，仍革出宗祠。

族中有年少夫亡、励志矢节者，宗祠须立奖励之典。有衣食不足、至戚无依者，并议给膳养之资。俟五十以后，申闻郡邑，以旌异之。

凡男女须别内外，非五十以上不得授受交谈。若男子宴饮，亦不得接谢内人，妇人不得门户探望，并市买货物，犯者责及夫。

本族妇女有不敬公、姑，凌辱夫婿，喜好争竞、宣淫、嫉妒，以绝夫嗣者，鸣众，安以黜条，仍坐其夫，以不能正家之罪。

赌博一事，犯国法，误正务，丧心术，坏人品，荡家业，伤天伦，召侮辱，失家教，致疾病，成盗贼，为弊多端，为害最大。吾族素守家规，无此风味。近为不肖牵引，相习成群，靡不破家荡产。宗祠屡加严禁，此风稍息。嗣后，倘有复蹈前辙，误人子弟者，察出，送官惩治。其倡首，永革出祠。

凡祖遗房屋、坟茔、山塘、田地等业，势豪不得霸占，贫户不得侵损。其可租赁者，必须禀明族长，立扎交租。倘有恃玩者，以灭祖论。

　　凡族中贤能、仕宦及家业丰余者，需要敦睦九族，赈恤贫寡，鼓舞人才，崇祀宗祖，不得欺凌宗族，谋占产业，恃财倚势，任意作为，损坏阴阳两宅。宜博古征今，思前贤可法，视覆辙可鉴。作德于前，始发于身。身之不修，令名失坠，子孙必微! 戒之! 慎之!

　　《砧基文簿序训》的内容和笔法与诸葛宗族先祖诸葛亮《诫子书》乃至《出师表》有一脉相承的痕迹，《诸葛氏家规》则制定了相当具体的行为规范细则，虽很多地方与现代社会人们的观念不同，但足见诸葛宗族对其族人管束之严。

三、主要宗族活动

　　诸葛村主要宗族活动有祭祖、迎龙灯、修谱、开祠堂门等。

　　旧时，祠堂有十分严格的祠规，家族成员之间发生纠纷，一般不到衙门去打官司，多是由各自的族长按其族规进行调解。如果宗族或族人受他姓欺侮而事件重大，族长会召集相关人员在祠堂商议对策，讨论是上衙门进行诉讼还是组织族人进行抗争。一经决定，全族人都必须遵守执行，不得违抗。每逢宗内对比较重大的事做出决定，公布结果时，祠堂门大开，所以叫"开祠堂门"。另外，如果族人中有严重违反族规的，如忤逆、谋杀、通奸等，也

开祠堂门执行处罚，对违规者，轻则责打，重则革出祠堂，即宗谱除名等，给予惩罚。诸葛政清编著《本厅汇录要观》的《民国十五年本厅公议规例》一文中有如是条文："本厅派下裔孙，遇有不得已事故时，可至本厅开会，由厅长设法解纷，与其诉讼多端，不若自治之为愈也。"

《光绪兰溪县志·卷六·科第表》载："诸葛绳武，字载文，高隆人，作单姓葛。"这个诸葛绳武既然上得了县志，也算得上个人物了，为什么好好的"诸葛"姓氏改为"葛"了呢？原来，诸葛绳武为清康熙五十九年（1720）举人。有一次，他途经殿下村，走在一跨街楼通道上时，看见楼上有一个正在做针线活的女子朝他嫣然一笑。这个姑娘长得漂亮，诸葛绳武决心科考完毕后就娶她为妻。他要去找人说媒，却遭到了家里人乃至所有家族长辈的反对，为什么呢？因为早年殿下村出轿夫，被人称作"轿夫村"。在那个时代，扛轿做轿夫属于下三等，按诸葛氏族规，不得与这样的村落的村民通婚，违者按族规处置。诸葛绳武很有个性，坚决要娶殿下那个女子为妻。于是，诸葛村族长召集族人开会，最后开了祠堂门，将其革出祠堂。这个处罚当年可是相当重了，可诸葛绳武还较上真了，说："不让姓诸葛，那就单姓葛吧。"于是，他就把自己的姓名改成葛绳武了。

[贰]春秋祭祀

我国有"慎终追远"的传统，按照民间的观念，自己的祖先和天、地、神一样是应该认真顶礼膜拜的，因为列祖列宗的"在天之灵"时时刻刻在关心和注视着后代的子孙们，尘世的人要通过祭祀来祈求和报答他们的庇护和保佑。

各个朝代以及不同性质的祠堂祭祖的具体形式都有所不同，但大同小异。从祭祀频率上来说，多数宗族每年在重要节日和春秋两季各祭祀一次，有的则只在春天祭祀一次，还有的则是一年分四季祭祀四次。祭祀的日期一般都是在各季的节日期间，如春节、清明节、祖先的生辰日和忌日等。如果遇到宗族子弟科举及第、加官进爵或朝廷恩荣赏赐等，则会进行常制外的祭祀。

祭祀是中国历史上宗族生活的重要内容。人们通过祭祀表现对本族祖先的追思，以达到敬宗睦族的目的。南方宗族的祭祀程序和礼仪一般是按照朱子家礼所规定的进行。古人祭祖时，一般全体宗族的男子都必须参加，身着礼服，衣冠整肃，庄严而隆重。

诸葛村祭祀先祖遵照明朝嘉靖皇帝《敕赐忠武侯庙规祭文祭品》一文规定，春祭日期为农历四月十四，秋祭日期为农历八月二十八。每年农历四月十四为诸葛村的大集市，除祭祀先祖诸葛亮外，还要演大戏，举行迎会活动，热闹非凡。

一、祭前准备

大公堂第四进正面墙上挂诸葛孔明画像，像前设置神位桌和香案桌，准备祭具和祭品。

祭具有高烛台、檀香炉、酒壶、爵、杯、盘、筷等。

祭品有圣猪一头，装木架上，身上插状元花；圣羊一头，装木架上，身上插状元花；三牲一副，即全鸡一只、双刀肉一块；馒首一盆；素面一盆；糕点四盆；水果四盆；猪肝一盆；粉条一碗；米饭一碗；茶花一朵；生羊血一碟，内放羊毛一束；黄酒三杯；茶一杯；纸帛若干；香一束；红烛两对；檀香若干。另外，还要撰写告縠文、祭文各一篇，准备鼓乐队和鞭炮爆竹。

挑选祭祀人员：主祭一人，由德高望重的长辈担任；引祭二人；内外执事各二人；司仪一人；读祝一人。

祭祀器具及供品

祭前准备

全猪

全羊

祭祀用扎糕

祭祀用馒首

祭前准备

主要祭祖人员准备就绪

在祭祀前夜要向祖宗祭拜，预告祭祀典礼。如《高隆诸葛氏宗谱》载有《四月十三夜大公堂忠武公告祝》一文，摘录如下。

×年×月×日，恭逢从祀文庙汉丞相武乡侯领益州牧谥忠武公始祖考诞降吉期，谨备粢盛，预告于神位前，曰：水源木本，追远宜诚，蘦衍瓜绵，酬恩倍切，矧此孟夏清和之良夜，正值始祖华诞之前期，虽献颂跻堂，自昔已隆荐享，而称觥上寿，于今更肃明禋，爰展悃忱，先申庆祝，谨告。

二、祭祀大典

（一）祭品陈列

1. 神位桌

神位长条桌设立于画像前，内侧正中放置神位，神位两旁陈列小型三国人物雕塑，神位前两旁放置高烛台，神位桌外侧正中陈列三牲一副、黄酒三杯、茶一杯、茶花一朵，左右两旁分陈馒首一盆、素面一盆、糕点四盆、水果四盆、猪肝一盆、粉条一碗、米饭一碗、生羊血一碟。

2. 香案桌

香案桌设立于神位桌下首五步处，桌上置高烛台一对、檀香炉一个、焚帛盘一个、纸帛若干、香一束、檀香若干、爆竹鞭炮若干、

2002年祭祖迎会

祭文一篇。

3．圣猪圣羊

圣猪陈列于香案桌下首右侧，圣羊陈列于香案桌下首左侧。

（二）大典程序

1．序，肃立。

2．起乐，起鼓三通，鸣金三转。

3．内执事偶进，一揖，再揖，三揖，升堂，就内执事位，两内执事分立神位桌两旁。

4．外执事偶进，一揖，再揖，三揖，就外执事位，两外执事分立神位桌两旁。

摆放整齐的祭器和祭品

5. 引祭偶进，一揖，再揖，三揖，分列两旁。

6. 主祭就位，揖，跪，叩首，再叩首，三叩首，兴。

7. 行神降礼，主祭诣香案前，跪，初上香，亚上香，三上香。

8. 奠酒，酹酒，献毛血（羊血），瘗毛血，献祝帛，兴，平身复位。

9. 乐以迎神。

10. 歌以迎神。

11. 行初献礼。

诸葛祭祖大典

12. 主祭诣神位前，跪，俯伏。

13. 执事告天祭酒，一揖，灌酒，再揖，复位，放爵，献花（茶花），初献爵，进炙肝（猪肝），兴，平身复位。

14. 乐侑初献。

15. 歌侑初献。

16. 行读祝礼。

17. 主祭诣香案

前，跪，俯伏，读祝诣读祝
所，跪，宣读祭章。

18．读祝兴，主祭亦兴，
平身复位。

19．行亚献礼，诣神
位前。

20．跪，叩首，再叩首，
三叩首，兴。

21．跪，亚献爵，奉馔
（馒首），进汤（粉条），兴，
平身复位。

22．乐侑亚献。

23．歌侑亚献。

24．行三献礼，主祭诣
香案前。

25．跪，三献爵，奉食
（米饭），点茗（茶），兴，
平身复位。

26．乐侑三献。

27．歌侑三献。

诸葛祭祖大典

乐队吹奏音乐

28. 行辞神礼，主祭诣香案前。

29. 跪，初上香，亚上香，三上香，兴，平身复位。

30. 乐以辞神。

31. 歌以辞神。

32. 焚帛焚祝文，跪，叩首，再叩首，三叩首，兴，礼毕。

33. 主祭退班。

34. 与祭者同拜。

35. 鼓乐齐鸣。

主祭祭祀

附《四月十四大公堂忠武公祭文》如下：

　　×年×月×日，裔孙等谨以刚鬣柔毛、粢盛醴斋之奠，敢昭告于从祀文庙汉丞相武乡侯领益州牧谥忠武公始祖考暨夫人黄氏之神位前，曰：伏以水有源而木有木，千秋奉黍稷之馨，生为英而殁为灵，万载隆俎豆之报。恭惟我始祖考忠武公者，道协伊周，才同管乐；纶巾羽扇，依然名士风流；抱膝长吟，洵有醇儒气象；隐居求志，逍遥梁父之词；济世安民，慷慨隆中之对。读出师两表，鞠躬尽瘁之节炳若日星；诵诫子一书，淡泊宁静之风光于史策。以故勋著汉书，大名独垂乎宇宙。因此祀从文庙，荐享不废夫春秋，诚

祭祖场景

一代王佐之才，为两朝开济之傅也。裔孙等派属云礽，情深颂祷，仰宗功之赫赫，时切瞻依；思祖德之巍巍，不忘景慕。爰因华诞之辰，谨为嘉肴之奠。惟冀神灵如在，藉呵护以遐昌。庶几庙貌聿新，效烝尝于勿替。尚飨。

三、祭后活动

祭祀典礼后，若是恰逢五年、十年的大祭，还要举行迎会活动。首先，燃放数量可观的孔明灯。接着，迎会队伍由四把火铳开道上路，八面神锣、四支先锋号响起，大鼓、唢呐、打击乐器齐鸣，后面紧跟纳祥祈福的蜈蚣旗队，还有由大灯笼、字牌、提炉、托香、香亭、伞盖、銮驾组成的仪仗队，再后面是披红插状元花的圣猪、圣羊，在最后助兴的是锣鼓队。整个队伍从大公堂出发，经丞相祠堂，再到下塘路，绕上塘古街，最后回到大公堂，一路上鼓乐齐鸣，爆竹震天，气氛肃穆而热烈，场面壮观。整个村子万人空巷，热闹非凡。

自明代开始，于农历四月十四在大公堂举行祭祀大典，举办大集市，并演大戏，俗称赶庙会。大集市原先只在大公堂区域和高隆一带，晚清开始，商业区由高隆沿义泰巷向上塘发展，大集市的范围也扩大到上塘商业圈。至民国中期，达到鼎盛。

集市会期一般为三天。四月十三，各地货物纷纷到场，并有戏班开始演戏。四月十四为正日，铁、木、篾等各类农具和各种山货绵延至村外，广场及道路两侧搭帐设摊，百杂俱陈，叫卖之声此起

上塘、下塘建筑群

彼落。街上各店铺商品琳琅满目，应有尽有，馄饨、带饼、鸡子馃、豆腐丸、小笼包等各种小吃香气扑鼻，生意比平时增加数倍。耍杂

仪仗队

迎会

迎会

技的、卖唱的、卖药的、算命看相的、赌博的，三教九流人员云集。四月十五，有些摊位撤去，但人气还相当旺。四月十六，部分商品会打折销售。

大集市期间还要请戏班来演戏，多则七天八夜，短的也有五天，村中家家户户都要邀请亲朋好友来赶集看戏。大公堂演戏时，观众席分两部分，男观众坐在台前天井里，女观众坐在中厅金柱后，自带高脚凳。金柱之间临时设栏杆，栏杆前有几个老人巡视。戏大多由附近村子里的季节性业

迎会

余戏班演出，剧种通常是昆曲、婺剧和徽剧等，常演的剧目有《百寿图》《渭水访贤》《白蛇传》《下河东》《三打王英》《回龙阁》《金珠环》等。

春秋两祭除了时间不同，地点也不相同。春祭放在大公堂，悬挂诸葛亮隐居像；秋祭放在丞相祠堂，悬挂诸葛亮丞相像。至于祭祀程序，春祭秋祭基本相同。旧时，因为有大集市的缘故，春祭日比较热闹。随着经济社会的发展，诸葛村大集市不像以前那么隆重，开始逐渐淡出人们的视野，倒是近几年秋祭搞得比较隆重。

[叁] 祭冬

诸葛村每年除举行春秋二祭祭祀先祖诸葛亮外，还要在冬至举行祭冬，即于冬至日在丞相祠堂举行全族祭祖仪式和吃福酒活动。

祭冬在冬至日正式举行，但在冬至前一天晚上，要在丞相祠堂先行祭奠，仪式较简单，意为预先告知圣祖及列祖列宗第二天要举行祭冬仪式。

祭冬的主祭由孟、仲、季三分轮流担任。每次的主祭由各分自行推荐，但必须是50岁以上的长者，且家境殷实，有一定的学识，熟悉礼法，德高望重。主祭一般都要负担当年祠堂老年酒——福酒所发的馒首、盏糕和祭祀用全猪全羊的开支，丞相祠堂则送给主祭一只鲜羊腿为礼。

祭冬用祭器

祭冬用祭品

祭祀时，全体参祭人员须穿常规礼服，如长袍马褂之类。祭祀活动设主祭、司仪、引祭及读祝等人员。摆两副香案，一副设在寝室明间中央的诸葛亮神主之前，内执事肃立在香案两侧；另一副设在中庭中央，在中庭香案前面是摆设祭品的祭品台，外执事站在中庭祭品台两侧。主祭站在祭品台正前方，左右两边分列读祝。祭品为分别放在两个木架上的全猪、全羊各一只，鸡、鱼、肉三牲一副，馒首、猪肝、粉条各一盘，米饭一碗，茶一杯，生羊血及羊毛一碟，纸扎茶花一朵，黄酒三杯。香案上陈放蜡烛两对，檀香一撮。

祭祀仪式开始，司仪歌赞，奏乐，内外执事、引祭和主祭就位。在乐鼓声中，主祭向祖先神主三叩首，上香三次，再是引祭叩首，上香，接着起乐献供。献供时，须行初献礼、亚献礼、终献礼。主祭再由执事陪同至洗所，洗毕，诣香案前，下跪，酌酒、祭酒、奠酒，俯伏三拜。后由读祝读祭文，参祭者肃穆站立于读祝后，皆洗耳恭听。读毕，祭成，随后举行午宴，吃福酒，俗称祠堂酒。吃福酒活动一般只有乡绅和 60 岁以上的老人可以参加，宴会完毕后，与会人还可分到胙肉或馒首，一般一人一份，也有年高或

祭冬

身着礼服的主要祭祀者

科第高者得多份情况，普通族人只能分到两只馒首。

　　祭冬活动除合族在丞相祠堂祭祖外，各房派还要分别在私己厅，如尚礼堂、雍睦堂等，举行本房派祖先祭祀。程序大同小异，对参与祭祀者往往给予奖励。诸葛政清所编的《本厅汇录要观》中有《本厅冬至日给馒票之规例》一文，文

2015年祭冬吃福酒寿星名单

2015年祭冬吃福酒场景

祭冬

载："本厅给馒票，自民国十八年政清手开始作起，凡派下已入祠者及寿高老人亲到本厅祭祖时，均照章给发馒票。如未到者，无论在家在外，过祭时间一律不给。兹将发馒条例列后：主祭人给馒一斤；抄祭文给馒半斤；入祠者给馒半斤；高小毕业生给馒半斤；六十寿给馒一斤；七十寿给馒二斤；八十寿给馒四斤；九十寿给肉五斤；一百岁猪羊送上门。"

[肆] 祭谱

家谱，又称族谱、家乘、祖谱、谱牒、宗谱等，是一种以表谱形式记载一个家族的世系繁衍及重要人物事迹之书，具有区分家族成员血缘关系亲疏远近的作用，是中国封建宗法制度的产物。皇

帝的家谱称玉牒，如新朝玉牒、皇宋玉牒等。家谱以记载父系家族世系、人物为中心，由正史中的帝王本纪及王侯列传、年表等演变而来。

家谱是一种特殊的文献，就其内容而言，是中国五千年文明史中具有平民特色的文献。家谱属珍贵的人文资料，对于深入研究历史学、民俗学、人口学、社会学和经济学均有不可替代的作用。

随着历史的发展，家谱由官修变为私修，所录内容不断丰富，其作用也不断增加和变化。如今，家谱同各姓氏的郡望、堂号一样，不仅可助区别姓氏源流，同时也作为寻根认祖，研究历史、地理、社会、民俗等的参考资料，是姓氏文化的重要组成部分。

宗谱记载氏族渊源、世系、祠规、族约，族中著名人物行状、图像，按辈分记录本族人丁生卒年、月、日、时和妻女情况，一般二三十年重修一次。《高隆诸葛氏宗谱》考证及有关资料记载，至20世纪末，高隆诸葛氏共修谱16次，宋元时期2次，明清两代12次，1947年1次，1995年1次。修谱是一个宗族的大事，工作烦琐，有一套俗定的程序。旧时，诸葛村修宗谱要历经设立谱局、集谱、编纂、印刷、祭谱、存放保管等几个环节。

修谱工作完成后，诸葛宗族要举行隆重的祭祀活动。祭谱分为传祭前准备、阴祭、阳祭、祭谱和颁谱等程序。

祭谱要做好准备工作。先请族中长辈选定祭谱的黄道吉日，

古籍家谱

明洪武甲子年（1384）版

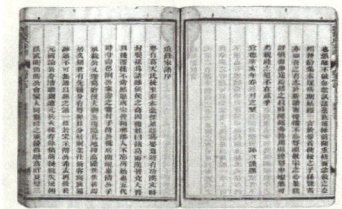

明宣德辛亥年（1431）版

明嘉靖甲午年（1534）版

发布公告，发函同宗，让人人知晓。再是请道士做三昼夜道场，叫阴祭。然后是请戏班子做戏，叫阳祭。同时，采购祭品，祭品为圣猪、圣羊、三牲、水果、豆腐、饭、纸钱、银锭、香烛等。

祭谱仪式在大公堂举行，整个厅堂布置庄严肃穆。第二进正中挂武侯公像，设神位桌，上设"安谱师式"神位，诸葛枚（1817—1898）撰写有两边厅柱联："溯汉室以来祀文庙祀乡贤祀名宦祀忠孝义烈不少传人自有史书标姓氏，迁浙江而后历绍兴历寿昌历常村历南塘水阁于兹启宇可从谱牒证渊源""谱牒告成功由仍字分支廿五世右穆左昭俱就序，岷峰钟秀气自威公卜宅千余年敬宗收族永流芳"。神位桌下首的方桌上摆放几箱新修成的宗

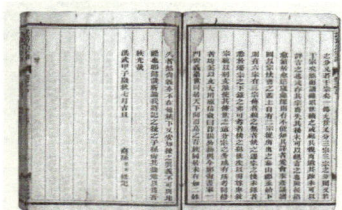

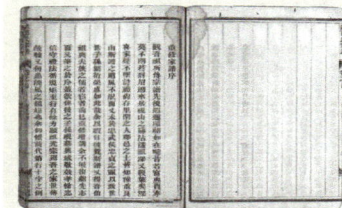

谱，紧靠着的是香案桌，上置香烛供品。

早晨吉时，族中首事香汤沐浴，穿长衫，换新鞋，列队祭拜，外地各支派同宗后裔均派代表团致祭。祭祀程序类似于祭祖大典，有鸣金击鼓、内外执事升堂、叩首三拜、宣读祭文和族长示训等过程。现将诸葛氏于清光绪三年（1877）祭谱时由诸葛枚撰写的祭文录于后：

物本乎天，人本乎祖。尊祖故敬宗，敬宗故收族。收族之道，非修谱牒其奚赖焉？吾族源远流长，地灵人杰。螽斯繁衍，瓜瓞绵延，固知宗功祖德，其流泽孔长也。况乎世远则记载易紊，丁繁则考核难周。今日者联支派之散纷，辨房分

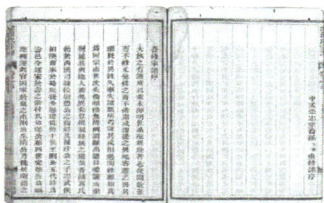

明嘉靖甲午年（1534）版

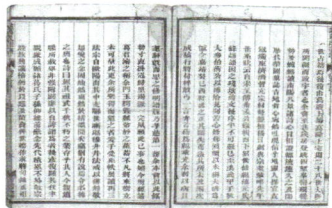

清光绪三年（1877）版

民国36年（1947）版，由陈果夫作序

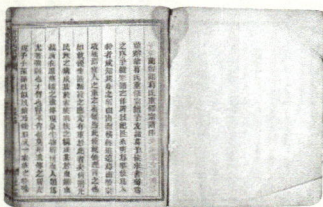

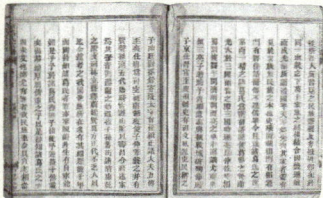

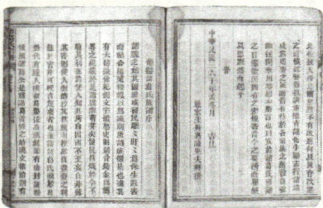

民国36年（1947）版，由陈果夫作序

之疏密。本史法以定宗法而昭穆以分，尊卑以辨，亲疏以别，宗族以和。水源木本之思，未敢一日忘也。兹际谱牒告成，非关后裔之孝慈，实赖先人之德泽。谨荐馨香，以妥以侑，神其陟降，来格来歆。尚飨。

祭谱结束后，要举行隆重的颁布仪式。设香案，祭拜天地。各房派要选择一名有文化素养，热衷于宗族事业的宗亲向祖宗许愿表态，然后接回本房派宗谱并保管好。族中首事宣读族规民约。最后鸣炮，各房派敲锣打鼓将宗谱接回去。

2008年，时年87岁高龄的乡贤诸葛达先生在《1947年第十五次祭宗谱》一文中描述了诸葛后裔祭谱的盛况，具体如下：

在半个世纪前，我高隆诸葛后裔于1947年孟冬隆重举行祭谱活动，地点定在大公堂。内进正中悬挂起武侯公像，设香案按规章

以全猪全羊规格并陈设各式祭品。厅内外张灯结彩，并摆有几箱新
修成的宗谱，披上大红绸布，鲜艳突目。清晨，主持首事们首先上
香。外地各派后裔代表团先后送祭品列队进场，如前宅村、萧家村
后裔等。又如金华白竹村后裔代表团多人，行程六十余里，运送几
十盆金华佛手和祭品到场，还有乐队、锣鼓队多人鸣炮开道送祭上
门，一时吸引了周边观众。由村民从村口迎接入场，将花卉等物陈
列在戏台上。随后在中厅举行祭祀，如冬、春祭规格。

　　设餐宴招待外地后裔代表并分发纪念品，宴毕再到大宗祠参
观访亲。近晚，各房派代表分别领取新宗谱。通过聚会交流，加强
了亲情，以利平日联系，共商族事，互受教益。

三、诸葛后裔祭祖的文化空间

诸葛古村形成发展已有六百七十多年历史，有保护完好的古村民居和厅堂馆舍。经调查，现村中保留着古建筑一百九十四幢，其中一级保护建筑有六十三幢，二级保护建筑有五十五幢，三级保护建筑有七十六幢。诸葛村非物质文化遗产资源非常丰富，诸葛村古村落营造技艺和诸葛后裔祭祖为国家级非遗项目，孔明锁制作技艺为省级非遗项目，还有金华市级、兰溪市级非遗项目十多项。现在，诸葛村古风犹存，街上随处可见已经淡出人们视野的旧行当、旧风俗景观，形成良好的诸葛后裔祭祖传承保护生态环境。

三、诸葛后裔祭祖的文化空间

[壹] 地理和人文环境

一、地理环境

兰溪市位于金华市西部，钱塘江中游。光绪《兰溪县志》记载："邑虽褊小而实当四冲。踞杭严之上游，职衢婺之门钥，南蔽瓯括，北捍徽歙。定职方者，谓为浙东之要区，洵不诬也。"婺、衢两江在兰荫山麓汇成兰江，北行至梅城汇新安江而称富春江，继续北行，至富阳以下，称钱塘江。兰溪自古有"三江之汇""六水之腰""七省通衢"之称，市境东南邻金华市金东区、婺城区，西南接衢州市龙游县，西北毗连杭州市建德市，东北与金华市浦江县、义乌市交界。

兰溪地处金衢盆地北缘，

兰溪古巷

地质学上称为"绍兴—江山深断裂带",地层展布相当齐全,境域内为浙中丘陵盆地地貌。东北群山环抱,西南低丘起伏,中部平原舒展,自古有"六山一水三分田"之说。境内江河皆属钱塘江水系。衢江自西向东、金华江自东向西流入兰溪市区,汇成兰江。气候属东亚副热带季风区,温暖湿润,四季分明,夏秋高温,冬春偏寒,梅雨伏旱明显,7—9月受台风影响。优越的气候条件营造了良好的生态环境,但同时,梅雨伏旱极易造成水灾和旱灾。

兰溪古为越地,历秦汉、魏晋,民间敬宗尊祖,重祭祀,矜谱系,尚门第。在饮食、服饰、居室器具、娱乐活动等生活习俗,农业、工商、交通等生产习俗,以春夏秋冬四季为时间点的岁时节庆习俗,婚娶、丧葬为代表的礼仪习俗,祭祀、祈禳、占卜为特点的民间信仰习俗等方面都有独具的地域特点。《光绪兰溪县志》载:"县城灯期原在农历二月初二城隍诞辰,有桥灯,龙灯,百子灯,

20世纪70年代以前的兰溪西门古城楼

婚嫁习俗

花灯，鸟、兽、虫、鱼诸灯，争技斗巧。又有台角以童男童女饰优

伶，尘立鳌山，颇极艳丽。"由此可见，多年来，人们在长期的劳

动生活中创造出多姿多彩的民俗活动，这些活动多以节庆文化的形式出现。下面以诸葛村为例说明之。

诸葛村，又名诸葛八卦村，为诸葛镇人民政府所在地，位于兰溪、建德、龙游三县市交界处，距兰溪市城区 18 千米，330 国道和省道龙葛线在此交接，是浙江中西部重要集镇。1992 年底，全村有 890 户、2879 人。诸葛村一脉的诸葛氏现有 25000 多人，全村有耕地 1328 亩。诸葛村为全国重点文物保护单位，是全国诸葛亮后裔最大聚居地，国家 AAAA 级旅游景区，被国家文物局专家组称为"传统民居古建筑的富金矿"，其结构之精、布局之奇，令人叹为观止。诸葛村古村落营造技艺、诸葛后裔祭祖为国家级非遗项目，孔明锁制作技艺为省级非遗项目，诸葛后裔生活文化展示基地为省级非遗基地。

据记载，诸葛村整体结构是诸葛亮第二十七代裔诸葛大狮按九宫八卦设计布局的。位于诸葛村九宫八卦图中心的钟池，一半水塘一半陆地，两面各设一口水井，形成极具象征意义的太极图。钟池周围构筑的八条弄堂向四周辐射，使村中的所有民居自然归入坎、艮、震、巽、离、坤、兑、乾八个部位，形成内八卦；村外八座小山环抱整个村落，构成外八卦；加上村中的建筑与小河，刚好形成一个"八阵图"。当游客步入村中纵横交错的古巷时，大有似连非连、半通不通、曲折玄妙之感。置身其中，更加感悟到杜甫"功盖

美丽的夜景

钟池边上练太极

美丽的钟池

村景一角

三分国，名成八阵图。江流石不转，遗恨失吞吴"的内涵。据传，盗贼进村会因巷道交错复杂、难觅出路而被捕获。抗日战争时期，日军从岗下大道经过，由于四面环山，茂林修竹，未能发现这一繁华村落，从而使村子免受劫掠之灾。

二、人文环境

儒家文化讲究一个"孝"字，"百善孝为先"，从尊敬长辈延伸到尊敬祖先，这个观念深入人心，影响到每一个宗族，于是中国历史上几乎每个朝代都非常重视祭祖，自古以来就有祭祀祖宗的习俗，以示孝敬、不忘本。

旧时，兰溪民间重清正、尚名节，故凡生前有益于地方者，后人多建庙祀奉而成地方神祇，主要有供奉城池守护神的城隍庙、

诸葛古村小弄堂

供奉东岳大帝的东岳庙、供奉孔子的孔庙、供奉胡则的胡公殿、供
奉徐灿的横山殿、供奉黄大仙的黄大仙宫、供奉赵鼎的公鲁殿、
供奉卢植的白沙殿、供奉徐偃王的仁惠庙、供奉伍子胥的忠清庙等。
至于民间祭祖活动，更是在城乡各地相当普及。兰溪的家庙、祠堂、厅堂是供奉族中死者灵牌的房屋，也是宗族活动中心，几乎每个较大的村庄皆有，且多为村中最宏伟的建筑。族下各支派分祠与宗祠皆有祖产田，作祭祀公用基金。1936 年，兰溪有宗祠 251 房，房屋 3505 间。族长、首事大多由族中有权势的老人担任，被称为祠堂官长。

作为一个历史悠久的古村落，诸葛村有其祭祀民俗的深厚土壤。《诸葛村志》载，旧诸葛村主要庙宇有隆丰禅院、关帝庙、幽居庵、翠峰寺等。祭神祀祖活动除了在大公堂、丞相祠堂祭祀先祖诸葛亮外，主要有祭冬、祭谱、三昼夜道场、高隆庙祭祀、杨塘殿祭祀、祈雨接龙、正月初二铁庐头上太公坟、祭五谷神、拜地藏王、烧田秋、祭新台、雍睦堂祭土地庙等，诸葛村祭神活动主要围绕着高隆庙祭祀、杨塘殿祭祀及祈雨接龙等展开。

（一）三昼夜道场

旧时，诸葛村每年的农历九月初九重阳节至九月十一期间都要在大公堂做三天三夜的"清洁道场"，以驱邪避魔、祈求村子安康，俗称"三昼夜道场"。道场规模宏大，不仅观众甚多，仅做道场的道士就有三十多人。

做道场时，在大公堂门外空地上搭建高大的彩柏牌楼，称作"仪门"。仪门两边悬挂对联，上书"读五千年道德真经七日先重阳为大众齐心忏过，建卅六时昼夜斋醮一村兼主客愿诸神如意降

祥"。大公堂头进中堂内放有从关王殿请来的王大人木雕神像。王大人是清代的一位勇士，在洪杨之乱时为保卫诸葛村立过大功。清咸丰九年（1859）正月十五，王大人牺牲于寿昌小番岭战役，村民立其神像于村东关王庙，永远祭祀。头门两边挂有"一片诚心通上界，千般瑞气降人间"对联一副，两厢搭建将台，大厅内插满旗幡。在三进中堂则高悬元始天尊、太上老君和通天教主神像，神像下陈列香案，香案上放有高大的蜡烛和长明灯，香炉内檀香四溢。厅堂内日夜功德颂唱不断，歌唱功德的男童从孟、仲、季三分里各选一人，在歌唱时，男童均要伏案陪拜，气氛庄重。

在三昼夜道场中，每天下午，在大公堂门楼前的圆形场地上，有八对身着法衣的道士手执法器，迎面来回小跑，跑足半个时辰。矮墙外围观者众多，十分热闹。

与此同时，在丞相祠堂东边的聚禄塘塘埂上临时设立三根6—7米高的旗幡杆，杆上分别挂有九盏小灯笼，代表九州，以此召唤那些无家可归的亡灵前来超度。在旗幡对面的空地上则建有一座"大士铺"，两边悬挂的对联是"三日连宵酬帝德，四民同志赛神庥"。"大士铺"内置多具用竹篾纸糊的人像，其中有一个高达3米、人头马面的高大士，传说"大士"为菩萨的化身，其两边站立着黑白无常及牛头马面。铺外四面放有高达2米的纸糊力士和坐骑，分别称为值时功曹、值日功曹、值月功曹和值年功曹，各司其职。

　　三昼夜道场圆满后的当天下午，由孟、仲、季三分的青壮年男人分成三组"赶上灵官"的队伍，每组四人。他们身着勇士服，脚穿草鞋，脸上画有凶神恶煞的脸谱，耳朵上夹三张挂有纸钱的黄纸，手执钢叉、铜锣，紧跟一位身穿道士服、手执桃树枝条的道士，边敲边跳。最后一人高举纸扎的王灵官压阵，挨门逐户由大门而入，经中堂、内室、厨房，然后再由大门而出，鞭炮齐鸣，纸钱飞扬。道场圆满的当晚，还要在"大士铺"前搭高台表演鬼戏，在整场演出中，黑白无常、阿狗、阿狗娘、五叉鬼统统出现。演出结束后，大放鞭炮，并把"大士铺"里的纸人纸马全都拿到村外的新桥头溪畔焚烧，表示功德圆满，家家清洁平安。焚毕，抛糖果糕点，让围观的男女老少欢呼着抢捡，让大家高高兴兴地回家。

　　在做道场前三天要发出公告，禁止杀生并净厨，各铺户（商铺主）还须提前将本户欲捐的银钱、宝锭等物送至大公堂，以表虔诚。

（二）岘山祈雨，箬潭接龙

　　诸葛村属丘陵地带，水源稀缺，十年九旱。旧时，一遇天旱往往举行盛大的祭祀活动，祈求上苍普降甘霖。此类活动主要是去西边的岘山祈雨和去南边的汤溪箬潭接龙水。

　　据记载，清光绪十九年（1893）六月初二、廿四年（1898）六月十二、民国 33 年（1944）六月廿八等日，均往汤溪箬潭接龙水。

过程中，先选身体强壮青年数人，设香案亭于高隆庙中，摆起香案。祭拜后，由一人背龙瓶，其余数人手提钢叉器械，步行到汤溪箸潭。在箸潭里捞一动物，不管是鱼是虾，装入龙瓶立即返回，沿途不准歇力停搁。开路的人如遇有阻拦之物，悉可推倒。背龙瓶的人必须用水从头到脚淋湿衣服，不留干燥，一路洗到家。去接龙水的人要秃头[1]，日晒雨淋，不准戴笠帽。

（三）祭新台

凡新建或重修祠堂大厅，在竣工时都要演戏庆祝，对新建成或重修的祠堂中的戏台进行祭祀，以保平安。其仪式在正式演出的第一天举行，程序由戏班子操作。祭典前通告，村民属相与祭典时辰有冲克的应予回避，备好祭典需用物件，如镜子、草鞋、毛笔、毛巾、无色布、白公鸡、纸钱、香、蜡烛、大小鞭炮、火把、桃树枝条等。傍晚日落时分，演员到村外坟边化装为五猖恶鬼，待时辰到，进厅上台狂舞。

台上四台柱中，前面两根压上无色布，边角柱头靠一支方天戟或龙虎头，村里辈分大的首事两人齐上台摆起供桌，以熟鸡、熟肉、老酒为祭品，焚香点烛，首先向天地祭拜。然后由老生化装为鲁班先师喝祭："吉祥，吉祥，天地开苍，万事吉祥。祈望苍天祖先神灵保佑本村百姓人丁平安，四季发财，万事兴旺。"祭拜毕，口

---

[1] 秃头：兰溪方言，不戴斗笠或帽子。

咬白公鸡鸡头点血，依次点四台柱、前台板、厅大柱，全厅柱头均抹血，撤去供桌和供品。演员扮演的关公、周仓、关平上场，在台中向四方神灵拱手作揖，然后下场。接着，乐队吹起先锋长号，演员扮演的天煞、地煞上场起舞，然后是从坟地里过来的五猖恶鬼，妖魔乱舞几阵后，五名钢叉手错开追五猖恶鬼，跑圆场，关公、关平、周仓尾追圆场，追赶天煞、地煞，五猖恶鬼下台往外跑。这时，由村里配五名彪形大汉手持火把紧紧跟上，一人手持桃树枝条，一人敲锣，追赶至坟堆，然后返回。台上仍由关公持青龙偃月刀，刀耍几圈，再在刀上吊鞭炮点燃，横扫台面。

（四）铁庐头上太公坟

高隆诸葛氏孟分、仲分后裔有一规定，每年的正月初二，族里男丁都要到瑞溪铁庐头"猪娘形"墓地的太公坟上去祭拜，这里安葬着孟分、仲分太公。这二位太公精通阴阳堪舆术，对风水很有研究。铁庐头的这块墓地，小山如一躺着的母猪，山下有多处泉眼，形似猪奶流出，而山下百米处有一长方形的水塘，形似食槽。太公选中这块墓地并下葬后，果然子孙大发。所以，后来的族人就形成了每年正月初二都要来此上坟的习俗。诸葛孟分崇信堂规定，凡来上坟的男丁，每人发馒票半斤，族人把这叫作"接馒头"。此俗一直延续到1949年才终止，参与人数众多，络绎不绝，大家手持香烛红纸、爆竹鞭炮，一派热闹景象。

　　如上所述，诸葛后裔祭祀活动名目繁多，举不胜举。这些活动中，值得后辈们传承的精华部分较多，但也不乏带有迷信色彩的陋习。这些陋习现在早已不存，之所以记下来，是因编者认为，无论是传统文化的精华还是糟粕，都是一种民间的信仰、历史的印记，不妨留待后人讨论研究。

［贰］祭祖环境的保护

　　诸葛村非物质文化遗产资源非常丰富，有国家级非遗项目两个，分别为诸葛村古村落营造技艺和诸葛后裔祭祖；省级非遗项目一个，为孔明锁制作技艺；其他已申报为兰溪市级非遗项目的有诸葛中医药文化等。近年来，诸葛村每年举办一次诸葛村古村落营造技艺培训班，举办兰溪工匠比武大赛，培养了以泥水匠冯水根、石匠梅来根、雕花匠姚焕强、木匠诸葛延新等为代表的一大批身怀绝技的能工巧匠。投入大量人力物力，修复多座大厅堂、商业建筑和民居群，复建隆丰禅院庙宇群，修建诸葛村乡土文化展示馆、诸葛村农坊馆，为诸葛后裔祭祖的保护传承营造了良好环境。

　　自元代中后期到高隆建村以后，诸葛氏人丁兴旺，族支繁衍昌盛，村里先后建造了不少宗祠厅堂。《高隆诸葛氏宗谱》所载的《高隆族居图》上画着大小四十五座宗祠，其中十四座宗祠大厅堂有功名旗杆，有的一对，有的两对。诸葛村除高隆诸葛氏有众多的宗祠厅堂外，下宅诸葛氏也建有集义堂宗祠，新桥邵氏至今保存着两

传承人郑锡栋在制作杆秤

传承人诸葛文仓在制作孔明锁

座宗祠，世居高隆原的王氏也有宗祠建筑。其他姓氏由于没有形成一定规模的宗族，所以没有宗祠建筑。

诸葛村诸葛氏除建有总祠丞相祠堂外，还建有只供奉先祖诸葛亮神像的大公堂。总祠下有支派，支派下有房派，支派和房派的小宗祠称为"众厅"，房派以下的宗祠叫"私己厅"，私己厅是将要形成而还没有形成房派的小宗祠，私己厅之下是香火屋。族人亡故之后，做两块神主牌，一块入祠堂，永不能动；一块入厅或香火屋，冬至日取回家供奉，元宵节后再送回厅去。

徐晓君泥塑作品

　　《兰西诸葛简史》记载，高隆诸葛氏自"原"字行辈起分孟、仲、季三支派，即原五祀、原七祀、原九祀。至"富"字辈为十七个分支派，分别建有宗祠。再往下到"贵"字辈和"昌"字辈，分支更复杂。当然，并非每一分支都建有厅堂，有的房派无传了，有的房派更兴旺了，由所建祠堂大体可以看出各分支的兴衰。以季分派为例，共六房，长房"富"字行十四宗高公为尚礼堂祖，尚礼堂至"贵"字行有四房：贵八公、贵廿四公、贵三七公、贵五三公。贵八公后有始基堂、光大堂、光裕堂。贵五三公后有绪新堂，绪新

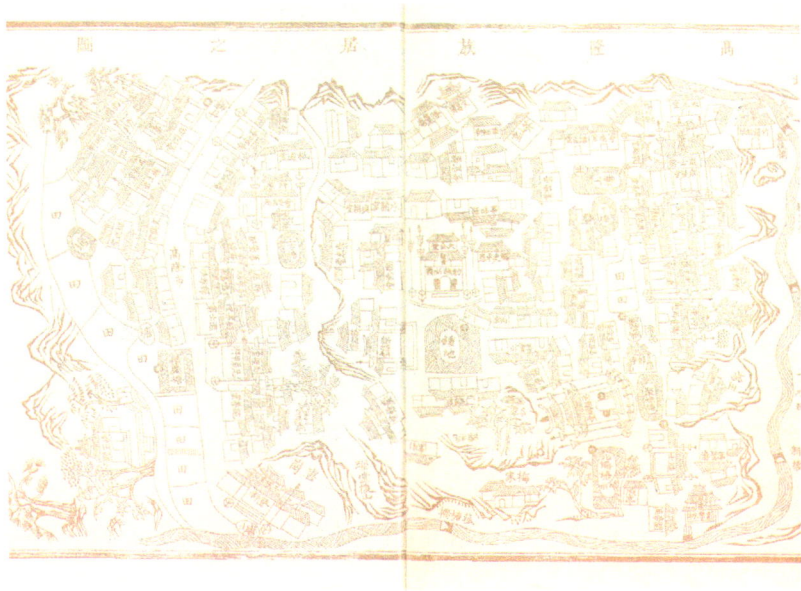

高隆族居图

堂后有滋树堂，滋树堂后有文与堂等。村中曾建有大大小小从属层次各不相同的宗祠厅堂几十座，随着时间推移和社会动荡，有的已不复存在。

诸葛古村落文物保护起初是村民自发组织。1981 年，原生产队公用的厅堂无人管理，被村民用于圈牛、堆放农具、柴草，只用不修，有的濒临倒塌。在集体经济尚薄弱的情况下，部分村干部和热心公益事业的村民建议发动群众募捐抢修。1988 年至 1995 年，通过筹款募捐的办法，先后由村民自发抢救性维修了崇信堂、尚礼堂、大公堂、崇行堂、雍睦堂等部分属于集体的厅堂。1991 年，在诸葛村重修大公堂理事会组织主持抢修大公堂时，清华大学建筑学院陈志华、楼庆西、李秋香三位教授带领二十几名学生来诸葛村进行乡土建筑课题研究，发现诸葛村保存有如此完好的古建筑群，深感惊叹，对诸葛村独具的建筑风格和历史文化底蕴给予了高度评价。

改革开放以来，特别是最近十多年来，诸葛村党支部、村委会真抓实干，在实践中不断探索，做了大量工作，采取了一系列切实有效的保护措施，诸葛村文物和非物质文化遗产被较好地保护下来。

诸葛村四面环山，内部丘陵层层环抱，村外东南方向有大片良田。现村中有常住人口 5000 余人，其中诸葛亮后裔 3900 余人。

经调查，现村中保留着古建筑 194 幢，其中一级保护建筑 63 幢，二级保护建筑 55 幢，三级保护建筑 76 幢，这些古建筑包括祠堂、住宅、商店、作坊、轿行、警察局、学堂、水碓、水阁楼等。民居类型主要有三间两搭厢、对合型、前厅后堂楼型、三进两明堂型 4 种。其中，祠堂是诸葛村最主要的古建筑，宏伟、华美，从总祠到各房派分祠再到众厅、私己厅、香火堂，成一整体。据《诸葛村志》所载，至今保存完好或有遗址可考的宗祠厅堂有丞相祠堂、大公堂、崇行堂、崇信堂、崇德堂、崇忠堂、雍睦堂、尚礼堂、春晖堂、行原堂、射堂厅、高明楼、大经堂、三荣堂、始基堂、绪新堂、滋树堂、明德堂、文与堂、致和堂、集义堂、王氏宗祠以及新桥头邵氏六顺堂、六和堂等 24 座。其中大公堂与丞相祠堂规模最大，形制特殊，装饰华丽，风格宏伟，是诸葛后裔祭祖场所。诸葛村四月十四春祭在大公堂进行，八月二十八秋祭在丞相祠堂举行。大公堂也是旧时演戏和酬神祭祖、清净道场及诸葛家族议事场所。

一、丞相祠堂

（一）坐落位置

丞相祠堂是村子东南角入口的第一座大型建筑物。旧时，这里供奉先祖诸葛亮的神位，安放着自梦漕公以下高隆诸葛氏列祖列宗的神主。丞相祠堂背靠经堂后山，以它为镇山，朝北偏东 40 度，面对旧王坞村以北的两座山峰，以其中之一的擂鼓山为案山。明万

丞相祠堂

历年间（1573—1619），人们在祠堂前面挖了一口大水塘，叫聚禄塘。《高隆诸葛氏宗谱·重建宗祠记》一文中说："吾族宗祠自岘山起祖以来，脉主真龙，形名伏虎，厥地祥矣。"

（二）兴衰变迁

丞相祠堂的最初建筑是于明永乐年间（1403—1424）由高隆诸葛氏始迁祖诸葛大狮（宁五公）的曾孙诸葛伯融（安三公）修建。《高隆诸葛氏宗谱·卷之首》中有《举能以理祠事序》一文，载："我安三府君建立家庙五间，以奉祀宁五府君神主，追而上之，以逮国谕公，亦五世亲尽之义，俾后世子孙化者，神主皆得藏于其中，世世相承，守而不变。"那时的建造规模不大，同一宗谱中写于清光绪丙午年（1906）的《重建宗祠记》一文中载："追溯前明安三公创造之初，草草五楹，仅足以庇俎豆。"

明嘉靖年间（1522—1566），丞相祠堂进行第一次扩建，增加寝室五间，侧楼四间，用以安放神主牌位，将原先的五间旧家庙改为享堂。

明万历年间（1573—1619），丞相祠堂进行第二次扩建。"迨万历年间，各房神主既多且杂，而祭于下者亦觉局促难舒"，于是由孟分崇德堂、仲分雍睦堂和季分里仁堂各推一人牵头，对丞相祠堂进行第二次扩建。购置田产，扩充祠堂面积，开挖聚禄塘，并将开挖池塘之土方填为祠堂前基，建门台三间，两庑十六间，敞厅两间，因当时资金有限，享堂依然如旧，未加修葺。这次扩建为丞相祠堂的规模奠定了基础。

明崇祯十一年（1638），各房派首事联合商议，决定以一百二十金购进进修堂作为修建享堂之用。十年之后，各位首事先后去世，而购买的进修堂荒芜在草丛中，不胜风雨摇撼，濒临倒塌。清康熙七年（1668），继任首事雷文和门生计议，将族中剩余资金、修缮大公堂的余积及族人的捐资合到一起，同时拆来进修堂的木料，以修建享堂。《高隆诸葛氏宗谱·卷之首·举能以理祠事序》载："辅以两翼，益以后轩，巍巍者堂可以享祖考，可以乐子孙，二十年之愿力成于一旦。"

清雍正十二年（1734），祠正诸葛琰、诸葛恂、诸葛华、诸葛

可大、诸葛绳武等协力共举，费逾千金，拆除原敞厅两间，建成规模宏伟的中庭，丞相祠堂形成空前规模。《高隆诸葛氏宗谱·卷之首·重建中庭记》载："始于雍正己酉之秋，落成于甲寅之腊，阅时六载，费逾千金。任事诸公，矢公矢慎，善作善成，亦云劳矣。"

清咸丰十一年（1861）至同治三年（1864），因太平天国运动，丞相祠堂遭到严重损坏。《高隆诸葛氏宗谱·卷之首·重建宗祠记》载："咸丰间粤匪蹂躏，举凡寝室、头门、中庭、廊庑悉毁于火。"一片焦土，瓦砾成堆，不堪卒睹。经历这次毁灭性的重创后，清光绪十九年（1893），虽多次提议修复祠堂，终因经费艰难而未果。光绪二十二年（1896），季分棠斋公从上海回到诸葛村，呼吁重建宗祠，并首先捐款。这时，"族中殷实者亦各踊跃将助。爰併男丁捐额与公币余积，错综合计三项共得白银四千余两"。于是，由诸葛枚任总理，诸葛明、诸葛堂、诸葛樾、诸葛棚、诸葛轸、诸葛祁等任协理，组成修建宗祠班子，选择吉日，动工兴建，除去瓦砾，在旧址上加高尺许。《高隆诸葛氏宗谱·卷之首·重建宗祠记》载："重建寝室七楹，头门五楹，钟鼓楼两楹，东西庑十四楹，门台及厢房七楹，外则缭以周垣，内则屏以绣闼。堂构轮奂巍然焕然。虽中庭一时未复其原，而外观固有已有耀也。寝室中设神座五，中座敬供汉丞相忠武公，而以一世祖仍十九府君配享焉。左则忠孝义烈与乡贤先达之位，余三座则附祭诸公皆于以供奉焉。其两庑十四楹各分各厅各祀一室，而左右上下一循先世长幼之次以为序。岁庚子十月落成志喜，一时灯烛辉映，鼓乐喧天，礼貌衣冠，观者云集。彬彬乎吾族迩数十年中盛事也。"这次丞相祠堂重建工程"始于丙申之夏，告竣于庚子之冬，阅五寒暑"，而中庭仍旧"未复其原"。

民国年间（1912—1949），丞相祠堂"中庭缺然，尚抱遗憾"。时族中 12 位祠任，惟瑞标公胆气为最，大家推举他为主任，组成班子，重建中庭，于民国 14 年（1925）开工，求大木，采巨石，因材配料，很少遗弃。开工后遭战乱，有人喊停工，但瑞标主任概不照准，他"不忌众谤，不避谗言，罕有其匹"，各祠任亦竭力支持，众志成城。历五载，至民国 19 年（1930），中庭建成，即今现存。丞相祠堂的规模至此完全确定。据年长村民回忆，丞相祠堂中庭的复建确实历经千辛万苦。如中福的四大金柱，必须是柏、梓、桐、椿四种不同树种，且要高度 10 米以上、直径 50 厘米以上，故采购难度很大。有一次，物色了一株长在寿昌乌山的桐青树作大柱头，为了采购成功，出动数班人马，分头工作，一边和树主谈判讲条件，做好安抚工作，一边抓紧开路和做好青苗赔偿工作，木工做好即砍即运的准备，丞相祠堂的祠任和账房是背着大袋银圆开道的。

20 世纪 50 年代初，丞相祠堂由国家粮食部门接管，内部改建为粮食仓库，其外墙和主体结构未变。中庭的精美雕刻被裹以黄泥石灰，以防虫害、鼠害，不意却因此而使其后来在"文化大革

命"中免遭破坏。粮仓在雨水防漏上要求较高，中庭屋脊上的雕塑被拆除。五间门厅的雕刻和堂门在"文化大革命"中遭到破坏。1991年，诸葛村领导班子向兰溪市委、市政府提案，要求粮食局酱油厂撤出丞相祠堂，以利文物保护。1993年，兰溪市人民政府下文，丞相祠堂归还诸葛村保管使用。村中投入资金整合修理，一如旧章，并在寝室和两庑分别雕塑了先祖诸葛亮和诸葛氏列祖列宗神像，春秋祭祀，进而开发为旅游景点。

（三）建筑现状

丞相祠堂宽42米、深45米，面积约1900平方米，主体建筑物依山而建，层层高升。其中轴线上分布有门厅、中庭、寝室，两侧有庑屋、厢房、钟鼓楼，形成一个中庭独立、四周闭合的"回"字形。正屋外侧南北两边另加附屋房三间。

丞相祠堂的建筑规格是按诸葛亮汉丞相的身份来设计规划的，中庭等中轴线上的主厅是五开间，台阶5级。

正门厅前有前院，前院进深3米，通宽22米，占地面积66平方米，地面用错缝条形石板铺设。前院两侧有边门，都建有单间小门厅，面阔3.1米，进深3.3米。二叠马头墙，双坡硬山顶，阴阳合瓦。梁架为三个落地柱，五檩穿斗式，圆柱，鼓形柱础。前院与外界用围墙隔断，围墙高2.3米，小青瓦压顶。院内正门前方两侧有方形须弥座旗杆石。

门屋五开间，通面阔约 17 米，通进深约 8 米。歇山顶，花砖脊，其正脊上有磨砖刻"隆中云礽" 4 个大字，两端有鸱鱼正吻，中置葫芦状宝瓶。屋面阴阳合瓦，檐口饰勾头滴水，屋架举折明显。前后檐柱为方形石柱，边长约 0.3 米，柱高 5.2 米。门厅中央 3 间为正门。梁架为四柱十檩，五架梁带前三步后双步梁。梁下用扇形雀替，前后檐均用人物牛腿支撑。檐口有方形飞椽，用封檐板，饰勾头滴水。门厅金柱为木圆柱，直径约 40 厘米，石质鼓形柱础。前金柱间设板门，每间四扇，外侧设抱鼓石。左右梢间作精致的磨砖影壁，两影壁呈八字形，檐口下有暗八仙砖雕。

门厅两侧有厢房，单间，面阔 3.5 米，深 5.2 米，硬山顶，阴阳合瓦。屋架为三柱五檩，穿斗式，木质圆柱，石质鼓形柱础。厢房与门厅有小天井隔开。

丞相祠堂轩昂壮丽的中庭独立于由门厅、寝室和两边庑屋合围成的一个宽 22.6 米、深 18 米的内院正中，与四面房屋不相连属。这是一座高大的敞厅，面阔 16.6 米，进深 9.3 米，台基高 0.9 米，前沿正中设三级踏步。歇山顶，旧时屋脊有装饰物，一说龙凤，一说白鹤，现已毁。屋面为阴阳合瓦，有望砖。四周有飞椽，檐口饰勾头滴水。檐柱和山柱为方形石柱，边长 0.33 米，其他柱头为木质圆柱。脊檩高约 9 米，空间很高大。中央四根金柱直径约 0.5 米，分别采用柏木、梓木、桐木和椿木，谐音"百子同春"。中庭

明间的梁架为四柱十檩，五架梁带前四架卷棚后双步梁。梁架宏壮华丽，扁尺梁，断面矩形，上浮雕卷草纹和花卉动物，下用扇形梁托，都是精细雕刻。两个中榀梁架的脊瓜柱两侧有三角形花板，浮雕《九狮图》，鬃毛根根清晰，卷曲有致，构图饱满。中庭前后檐柱均饰以人物坐骑镂空雕刻的牛腿，雕刻极精细，每条牛腿就是一台戏。牛腿上有软挑头，软挑头上有五踩斗拱。中庭明间后檐柱间有额枋，枋上悬"名垂宇宙"匾额一块。明间脊檩下浮雕双龙戏珠，上、下金檩中间浮雕太极图，檩两端饰虎面雕刻。

中庭次间的梁架为五柱十檩，有落地中柱。金柱与中柱间设双步梁，梁断面矩形，梁身饰卷草纹，梁下用扇形梁托，梁背置荷花形驼峰。双步梁下设二道穿枋。中柱顶设有一斗拱，承托脊檩。两根次间后檐柱间及额枋上分别悬"忠贯云霄"和"伯仲伊吕"匾额一块。

丞相祠堂后进寝室为七间带二廊。硬山顶，阴阳合瓦，前檐有飞椽，椽口饰勾滴。寝室通面阔3.5米，进深8.6米。寝室台基以红砂岩砌筑，高1.8米，正中设垂带踏步10级，两边垂带上有青石护栏，栏板高0.4米，望柱高0.8米。寝室明次间梁架为四柱八檩，五架梁带前双后单步梁。梢间、尽间、廊为五柱八檩，用穿斗式梁架。寝室前檐用卷草纹牛腿支撑；次、梢间前檐靠台基有木质宫式护栏，高1米；尽间与廊前檐用墙体隔断。寝室中央供奉先祖诸葛亮塑像，两旁站关兴、张苞。寝室西侧为诸葛亮儿子诸葛瞻塑像，东侧为诸葛亮长孙诸葛尚塑像。

中庭与寝室之间有庭院，长 22.6 米，宽 3.8 米，台基高 2.3 米，两侧有台阶，共 14 级。庭院前及台阶两侧有青石栏板，板高 0.5 米，上有浮雕卷草、动物、祥云等图案，望柱高 0.8 米，柱头有束莲。庭院左侧为钟楼，右侧为鼓楼。

中庭两侧为庑屋，各 7 间，共 14 间，每间阔 3 米，进深 5.2 米，台基高 0.4 米，结构为三柱五檩，前檐柱为方形石柱。庑屋与中庭之间有天井隔开，天井宽 2 米。庑屋与门厅厢房之间有一过道，宽约 2 米，深约 5 米，过道靠西为祠堂通向外界的偏门。每间庑屋内设有神龛，供奉祖宗神主牌。钟鼓楼位于中庭与庑屋之间

诸葛亮塑像

的庭院两侧，从西侧庑屋与中庭间的天井往上走 14 级台阶为钟楼，同样，从东侧往上走 14 级台阶则为鼓楼。钟鼓楼约 5 米见方，屋架为三柱五檩，四架梁带前单步梁，前后檐柱及前金柱落地，脊檩及后金檩下用矮柱，不落地，立在四架梁上。

二、大公堂

大公堂是诸葛后裔专门用来祭祀先祖诸葛亮的纪念堂，为诸葛十八堂之首，初建于元代末期。它位于村中钟池的西北角，有一个前院。前院的东南角上有一座头门，朝向正南。两侧洁白的封护墙夹建一个青屋顶，显得十分秀丽。

大公堂只奉祀诸葛亮的神主和画像，它不是宗祠，但起着与宗祠同样的作用，唤起归属感，加强宗族的凝聚力。高隆诸葛氏的重大活动往往都在这里举行，这里是合族的议事厅，故有戏台之设。

（一）坐落位置

大公堂处于全村的内层中心点，纵轴线前对案山经堂后山，后对祖山天池山，以钟池为"小明堂"。大公堂三面被冈阜包围，只有东方是一个缺口，口外偏南就是丞相祠堂。

（二）兴衰变迁

大公堂的初建很早。《高隆诸葛氏宗谱·卷之首·杂事纪要》中有"重修大公堂"条目，上载"大公堂为始迁祖所建"。始迁祖宁五公诸葛大狮大约在元代中后期来到高隆，以祭祀先祖汉丞相诸葛亮的名义建造了一座规模不大的纪念堂。现存大公堂的规模和形制经过多代人的扩建和修缮而成。有关大公堂的修造经过，历史上文字记载不多，最早见于《高隆诸葛氏宗谱·卷之首》，有清康熙七年（1668）修大公堂的文字记载和写于清光绪三年（1877）的《大公堂助地记》一文。《大公堂助地记》记载了大公堂最后一进房屋的扩建过程："大公堂由来已久，其制前进及中堂气势宏敞，最后寝室惟一间，左右毗连皆得（私）已住宅，非祀产。想营造时未可通融，限于基地，难取规方，抑形势家或别有说，只宜如此，盖不可知矣！然后人究以前方后锐为未慊于心。"清道光年间（1821—1850），仲分玉西公任祠事，将右边的两间屋买回来，助为大公堂改造地。右边还有一间屋，原来是孟分朴齐公的产业，太平天国战乱时完全被兵火烧毁。清光绪三年（1877）族中修谱时，商议要设立账房，于是同朴齐公派下人协商，派下人也助入大公堂。随即将上述二家所助地"建楼屋三间，为账房并为收藏祭器之所。其左首地则季（分）守愚公所助，拓室三间为厨房。自外观之，左右均填补方正而其中仍不敢轻易祖制，诚美举也"。至此，大公堂形成现在的格局。

民国 29 年（1940），鉴于大公堂年久失修，尤以头门及前厅为甚，于是族中组成了负责修理的班子，由孟分庆祥任庶务主任，仲

大公堂

分廷瑞任文书主任，季分佐清任经济主任，经费是"概以祠中入息取用"，采购材料，聘请工匠，经过两年时间，完成了大公堂的修建工程。

20世纪60年代中后期，由于"破四旧，立四新"，大公堂失却应有的维修保护，被生产队当作牛棚。至20世纪80年代，第四进和第五进倒塌严重，前三进也有好多地方雨漏霉变，巍巍古建筑有毁于一旦之虞，村中父老乡亲都有修复大公堂的心愿。1990年，由诸葛卸春、诸葛绍贤、诸葛楠等22人组成重修大公堂理事会，负责筹措资金、材料采购和组织施工等工作。全体村民不分姓氏都踊跃捐款，居外乡亲也邮来资金，各组织和单位也有资助材料和捐资的。经各方热心人士齐心协力，历时两年，耗资人民币十四万元，大公堂焕然一新，重放光彩。

大公堂和丞相祠堂一样，现已被开发为重要的旅游景点。

（三）建筑现状

大公堂总面阔 11.1 米，总进深 49.5 米，总占地面积大约 720 平方米。正屋共四进，都是三开间。最后一进是寝室，中央一间，左右各有边屋三间，分别为账房和厨房。

大公堂正门前有一个半圆形的前院，半径约 20 米，有高约 1.2 米的围墙。前院的头门和前院一起组成大公堂的前导，增加了空间层次。

大公堂明间的前半部分升起，在骑门枋上加两根矮柱，成为三间牌楼，重檐歇山式屋顶的正脊高约 10 米，翼角高高翘起，上层与屋脊平齐，形成角对角和高对高的对称。檐下用斗拱。中央两个额枋之间白板黑字写"救菑尚义之门"六个字。关于这六个字的来历，《高隆诸葛氏宗谱》有明确记载：原五公诸葛彦祥曾捐谷赈饥，明英宗于正统四年（1439）七月降旨旌表。六字横匾上方正中还有书写"圣旨"二字的匾额一块。

牌楼门两侧次间的廊内金柱间作粉壁，正门外两侧各立一个石鼓。里边门屋中央原有一个组合式戏台，正面雕花，由四大块合成，可以拆开移动，做道场或有其他重大活动时，可将戏台移开。戏台

的顶棚是一个长方形的覆斗式藻井，四周有斗拱挑出，中央是镜面，此种结构叫"平基结顶"。雕花戏台在 20 世纪 50 年代被拆除。1961 年，又用柏子树板造了一个简易戏台，在大公堂被用作牛棚时拆除。

中厅和后厅梁架雄壮。中榀为抬梁式，边榀为穿斗式，全部露明。中厅的檐柱高 5.1 米，金柱高也是 5.1 米。后厅的檐柱高 4.9 米，金柱高 5.5 米。后厅中央的四根金柱分别用柏、梓、桐、椿四种树木制成，谐音"百子同春"，祈求亲族的繁衍，四大金柱直径约为 0.5 米。中厅和后厅的内部空间高大宽敞，梁架作装饰性处理。凡水平的梁都做成月梁，曲线柔和，梁端卷杀有力，两侧都作弧面，端部刻圆润的"虾须"，反卷回去，把梁端卷杀的动势完成。虾须刻得很深，刀口硬而方，中央有一道很锋利的尖棱。梁架每步上部都用一个斜向的联系构件，环状，雕出头尾，甚至有眼睛，称作"猫梁"。这些猫梁斜向抵着檩子下的瓜柱，因为瓜柱上有大斗托着檩子头，所以这种结构又叫作"猫捧斗"。猫梁的结构作用不大，但环形雕刻构件层层上涌如波浪，使梁架显得丰富而且柔和。

正厅后金柱之间的太师壁上书写诸葛亮的《诫子书》，左右次间的照壁上分别书写诸葛亮的《出师表》《后出师表》。

转过正厅的太师壁便是大公堂的第四进，这是一间 5.2 米见方的拜厅，四面开敞，左右各有一个小天井，天井里有水池。拜厅的两个后角上各有四根柱子组成一簇，作四梁八柱结构，据说只有官至丞相职位的才有资格建造如此结构的拜厅。拜厅的顶棚原是"葫芦结顶"，即有斗拱的八角形攒尖藻井，后来倒塌了。1990 年重建时，只用了歇山顶。

拜厅之后就是最后一进寝室，只有中央一间，进深 7.6 米，供奉诸葛亮神主和画像。寝室为两层，诸葛亮神主上方二层楼板开井口，边缘设栏杆。楼上的光线穿过井口照到神主和画像上，使它们在昏暗的寝室深处微微发亮，有一种朦胧的庄严气氛。寝室的右侧是三间账房，内设楼梯，左侧是三间厨房，在祭祀时制作供品和飨宴的食品。

继大公堂之后，高隆诸葛氏的孟、仲、季三分先后兴建了颇具

《诫子书》

规模的各分众厅共十七座，与大公堂一起，合称十八厅堂。

三、保护投入

诸葛村为国家 AAAA 级旅游景区，结合旅游开发，诸葛村对村落古建筑保护投入很大，为诸葛后裔祭祖这一非遗项目的保护传承创造了很好的环境。现将这些年来诸葛村对古建保护投入资金情况列举如下。

诸葛村文物修缮资金投入情况

诸葛村自 1996 年被确立为全国文物保护单位以来，村党支部、村委会十分重视古建筑、古民宅的保护修缮工作，近十多年来，村集体出资，先后抢修古建筑 3 万多平方米，并对全村内的道路、巷道按原貌进行全面整修，埋设污水管道，实行雨污分流，进行电线、电话线、有线电视线三线治理。古村落整体得到了有效的保护。

1993 年，由兰溪市政府协调，原市粮食局用作酱油厂的丞相祠堂归还诸葛村，诸葛村对丞相祠堂进行了整修。

1996 年，由诸葛卸春、诸葛向荣、诸葛岳成、诸葛同登、诸葛森等发起组成的重修雍睦堂筹备小组向社会募捐 8 万多元，修复了雍睦堂第二进。其中，国家拨款 3 万元，诸葛志（加拿大）捐款 2.5 万元。

1999 年，诸葛村出资 12 万元买进原诸葛粮站用作粮库的下当铺房屋，再投资 40 万元进行整体维修，开发为以展示农耕文化为内容的旅游景点。

2000 年，上塘古商业街复原，诸葛村出资 100 多万元买断兰溪市房管局在诸葛村所有公房（约 10000 平方米），拆除上塘区域内的供销社、商场、信用社、食品公司、邮电所、兽医站等建筑，计 6700 多平方米。重挖上塘，并对上塘周围老店铺进行整修恢复，总投资 1000 余万元。

2001 年，投资 80 万元把上塘至聚禄塘的水泥路改造成仿古红砂岩石板路。

2002 年，国家文物局拨款维修文与堂。

2002 年，诸葛村出资 35 万元买断原天一堂内诸葛镇政府办公楼产权。拆去原干部宿舍楼的第三、四层，经改造后用于游客住宿，取名"花园公寓"。

2003 年，国家文物局拨款维修敦厚堂。

2004 年，国家文物局拨款维修明德堂。

2006 年 10 月，诸葛村恢复出水口（北漏塘）被毁的节孝坊、穿心亭等建筑，重修枯童塔。

2007 年 12 月，尚礼堂维修竣工。其维修款中，国家文物局下拨 20 万元。

2008 年，诸葛村出资维修春晖堂第一进、第二进。

（资料来源：《诸葛村志》第 430 页，2013 年 1 月版）

诸葛村结合非遗保护旅游业投入情况

1997年，投资50万元对大经堂进行整修，开办了诸葛村药业展览馆，并投资105万元对天一堂花园进行扩展和充实，不但复建了亭阁，还垒砌假山和开挖鱼池，并圈养梅花鹿供游人观赏，种植几百种中药材以丰富参观内容。

1997年8月，布置雍睦堂，展示诸葛村耕读文化内容，供游客参观。

1999年，对下当铺旧址进行整修，辟为农坊馆，以展示诸葛

天一堂

村民俗文化，并布置了供游客参与的碾米、榨油、纺织等农村传统农产品加工作坊设备，总投资 50 万元，当年对游客开放。

1999 年，投资 20 万元新建 1200 米旅游专线（三级山区公路），旅游车辆从原高隆岗入口改为下水碓处入口，并在北漏塘东边新建 15 亩的停车场。

2000 年，投资 1000 多万元的上塘商业街复原工程竣工，工程中拆除现代建筑 6700 多平方米，维修古建筑 10000 多平方米，恢复了老字号店铺，重现古街原貌，打造诸葛村景区古商业街游览购物区。

2002 年，买断原天一堂镇政府干部办公楼产权，经降层、改造后用于接待游客，投资 70 多万元。2004 年，又投资 30 万元重新对房间进行装潢改造，现有标准间 23 个，经济房 10 间。

2005 年 2 月，三荣堂原址复原重建工程竣工，工程总造价 100 余万元。同年 4 月，在竣工后的三荣堂内建立了诸葛亮生平事迹及后裔事迹展馆，展馆布置费 70 余万元。10 月 1 日对游人开放。

2006 年 11 月，入选首批"浙江省廉政文化教育基地"。

2007 年 10 月，预算投资 3000 万元的隆丰禅院复建工程启动。2008 年 12 月，完成基础工程。2009 年 9 月，完成关公殿、真武大帝殿、观音殿主体工程；同年 12 月，完成厢房、钟鼓楼工程。2010 年 10 月底，完成文昌阁等其他配套工程规划。工程设计单位

　　为杭州园林建筑工程咨询公司，施工单位为临海市古建筑工程公司。

　　2008 年，诸葛村征用聚禄塘种植荷莲，以供旅游观赏。

　　2009 年 3 月，新停车场功能区填土工程完工，"五一"黄金周启用，停车场占地 36 亩，功能配套设施待建。

　　2009 年 10 月，由兰溪市三原广告有限公司租用诸葛村放生坞山林区，投资人民币 2000 万元兴建的卧龙庄度假村项目正式营业。

　　2010 年，诸葛村投资人民币 1500 万元兴建诸葛八卦村游客接待中心。

　　自 2007 年复建隆丰禅院项目开始，西线旅游开发共投资人民币 1.27 亿元。

　　（资料来源：《诸葛村志》第 433—434 页，2013 年 1 月版）

[叁] 诸葛后裔生活文化展示基地

　　诸葛村一个村就有国家级非遗项目两个，这在全国范围来说都是比较罕见的。1996 年，诸葛村被国务院公布为第四批全国重点文物保护单位。2007 年，诸葛后裔祭祖列入浙江省非物质文化遗产代表性项目名录。2008 年，诸葛村古村落营造技艺列入国家级非物质文化遗产代表性项目名录。2012 年，根据有关专家的建议，把诸葛村古村落营造技艺和诸葛后裔祭祖进行整合，以"诸葛后裔生活文化展示基地"为名，申报省级非遗宣传展示基地。2014 年，诸葛后裔祭祖列入国家级非物质文化遗产代表性项目名录。

事实上，所谓的诸葛后裔生活文化展示基地应该是整个诸葛古村落。古朴的民居，恢宏的厅堂馆舍，朴实的民风，勤劳的村民，美丽的风光，组成了一幅诸葛后裔生活文化图。

诸葛村乡土文化展示馆，由清华大学建筑学院设计，于 2013 年 5 月 1 日开馆，以其朴实的、原汁原味的农家生活特色吸引着国内外慕名而来的参观者，清华大学教授、古建筑专家陈志华说："诸葛村是一门可供研究的学问，一本可以深读的书，一个全面而真实的历史大课堂。"该展馆大致有如下几个亮点。

一、一个多形制的古建筑群

诸葛村充分利用本村全国文物保护单位的古建筑资源，学习国外开办展览馆、博物馆的先进理念，保持古建筑结构外观不变，对内部场地进行整合，而不是一切推倒重来或易地新建。这样既节省了大量经费，又保持了古色古香的神韵，使文物保护真正落到实处，走保护与利用相结合之路，使保护有了更强大的后劲。全馆占地面积一万多平方米，建筑面积两千多平方米，由一个旧广场、一座古民居、一座宗族支派的厅堂、一所民国初年建造的学堂、一组亭台楼阁、一座有参天古木的后花园组合而成。参观者在这里可以观赏到不同时代多种形制的古建筑实体，身处其中，仿佛时光倒流，韵味无穷。

二、一件国内顶尖设计团队的杰作

诸葛村乡土文化展示馆由清华大学建筑学院设计，教授李秋香带领团队深入诸葛村实地调查研究，仔细踏勘，运用国内外最新的设计理念，对诸葛村乡土文化展馆示进行规划布局。展馆内的介绍说明图文并茂，声光电并用，先进的电子感应技术的运用增强了与参观者的互动性。全馆十大展厅分别是综合模型、农耕与家族文化、手工业与商业、年节习俗、婚庆与寿庆、文化教育、家谱制作与服饰古玩、中药业、戏曲、典型农舍。每个展厅的展示工具和展示手段既有相通之处，又有各自的特色。图板实物并用，大小展柜兼顾，雕塑和 LED 灯各得其所。

三、一个展品蕴含着一个民俗故事

诸葛村乡土文化展示馆至今拥有展品实物两千多件，全部从村民中收集，涉及面广泛。就用途而言，有农耕器具、生活器具、手工业工具、商用器具、制药工具、婚庆器具、寿庆器具、服装饰品、各种食品、田契簿记、各类书籍、广告招牌、发票凭证等；就材质而言，有木质、石质、各类金属、陶瓷、米塑、布料丝织、各种纸品等。

每一个展品都蕴含着一个民俗故事，都是一个诸葛后裔日常生活的历史印记。例如《南阳明德堂屋契田业总簿》，即反映出清代后期私有制耕地的产权有"清田""大皮田"与"小皮田"等的区别，耕地的所有权、使用权、租佃耕种权可以分别属于不同的主体。清咸丰、同治年间（1851—1874），由于太平天国运动，战火蔓延，江南人口锐减，部分土地荒芜。战后，清政府为增加赋税收入，准许外地农民来兰溪垦荒。台州、温州等地农民来兰溪垦荒落户的很多，但垦荒者只有田面权（小皮），而当地的地主豪强有田底权（大皮），向垦荒者收租，因此产生了大皮田与小皮田的区别，大、小皮同属于一个人的耕地，又叫"清田"。

在第三展厅的货币展柜里有一枚印有"诸葛商会暂时流通"字样的锡质钱币，这是抗日战争年代流通货币严重缺乏的环境下，诸葛村发行过钱币的明证。

在第七展厅的大柜里，悬挂着国民党元老陈立夫在1995年为诸葛氏第十六次修谱题写的"承先启后"，而陈果夫曾经于1947年在诸葛氏第十五次修谱时作序，这是诸葛村人与陈氏二兄弟的交往缘分。

四、一个有机组合的多功能馆

诸葛村乡土文化展示馆的首要功能是村历史博物馆和非遗馆，是一个诸葛民风民俗的展示馆和地方历史文化的大课堂。诸葛村是中国江南农村由血缘村落向业缘村落发展变化的典范，展馆收集的大量材料向人们证明了一点：中国的历史是由人民群众创造的，在长期的农耕社会文化中，农民是创造历史的主力军。目前，诸葛

村乡土文化展示馆已被上级相关部门授予"兰溪市青少年乡土文化教育基地"的称号，吸引着来自全国各地的学生，特别是一些游学团和背包族，他们在这里追溯历史，欣赏鉴别，遨游于知识的海洋，对历史上我国江南的农耕文化和诸葛村的民俗风情有了更为深刻的体验和了解。

诸葛村在近七百年的发展中承载了丰富而深厚的历史文化元素，开展过丰富多彩的民俗活动，主要有婚庆、寿庆、迎龙灯、舞狮、猜拳、唱道情、说书、祭冬、驱邪等，传统技艺有剪纸、刺绣、木雕、竹雕、竹刻、竹编、草编、打草绳、孔明扇制作、打铜、打金银、打锡、钉秤、灯笼制作、箍桶、弹棉絮、印染、粮食加工、中药加工等。展馆用实物、蜡像、泥塑、图文结合等形式，栩栩如生地表现出祖辈们的生活场景。

展馆的戏曲展厅、年节习俗展厅和花园成了村民学习和休闲娱乐的场所，起到文化礼堂的作用。茶余饭后，村民会到戏曲展厅小坐，看一个小品，听一段婺剧清唱。老太太们有时会跑到年节习俗展厅去看看四时八节的点心和团圆饭的十大碗，勾起美好的回忆。"诸葛帮"的老药工会到中药业馆去动动药刀，踏踏碾槽，老手艺不减当年。

陈志华说："一座历史文化名村，它能提供的知识不仅仅关于建筑和村落整体，还关于历史上村民们的生活状态、思维方式、生产技能、文化创造等许多方面，帮助一代又一代的人们开阔眼界，丰富知识，活跃思想，还能获得清新的审美享受。眼前这座展馆刚刚成立，不够完备细致，但毕竟迈出了第一步，以后还要不断地充实、完备。这一步的意义是非常重大的。"

四、诸葛后裔祭祖的传承

诸葛后裔祭祖自一九九六年重新组织以来，基本上每年一小祭，三年一大祭，近几年还恢复了每年的祭冬活动。祭祖期间，除了本省各地诸葛后裔外，来自广西阳朔、江苏丹阳、江西上饶、山东沂南等地的诸葛后裔代表也积极参加。诸葛村还展开了广泛深入的对外交流活动，将诸葛后裔祭祖与诸葛亮学术研讨会紧密结合，截至二〇一六年，已先后在诸葛村举办全国第七届、第十届、第十五届、第二十三届诸葛亮学术研讨会。

四、诸葛后裔祭祖的传承

［壹］传承谱系与代表性传承人

一、传承谱系

诸葛后裔祭祖传承谱系如下：

第一代：诸葛鲸（1501—1568），明嘉靖主族事；

第二代：诸葛可大（1539—1606），明万历主族事；

第三代：诸葛炜（1588—1646），明崇祯主族事；

传承人就位

第四代：诸葛度（1635—1699），清康熙主族事；

第五代：诸葛琪（1655—1717），清康熙主族事；

第六代：诸葛仪（1705—1765），清乾隆主族事；

第七代：诸葛涵（1736—1822），清嘉庆主族事；

第八代：诸葛蓉（1761—1817），清嘉庆主族事；

第九代：诸葛槐（1797—1856），清道光主族事；

第十代：诸葛枚（1817—1898），清光绪主族事；

第十一代：诸葛轸（1863—1931），民国早期主族事；

第十二代：诸葛宣（1888—1945），民国中后期主族事；

第十三代：诸葛侠（1930—　　），20世纪90年代祭祀典礼主祭；

第十四代：诸葛议（1949—　　），新世纪祭祖大典传承人。

二、代表性传承人

诸葛后裔传承了传统祭祖习俗，主要祭祀者都为家族中年长者，主要传人有诸葛高嵩、诸葛楠、诸葛同丹、诸葛坤元、诸葛子凡、诸葛彪、诸葛瑞章、诸葛武、诸葛议等人。

诸葛高嵩，出生于1932年，退休干部，德高望重，主要担任主祭。

诸葛楠，出生于1930年，离休干部，热心公益，主要担任内执事。

诸葛同丹，出生于1937年，退休村干部，热心于村民矛盾调

解，主要担任外执事。

诸葛坤元，出生于 1939 年，退休村干部，热心村务，主要担任引祭。

诸葛子凡，出生于 1940 年，族中长老，关心家庭事务，热心公益，主要担任内执事。

诸葛彪，出生于 1946 年，退休教师，村老年协会理事，热心公益事业，主要担任外执事。

诸葛议在传徒授艺

诸葛瑞章，出生于 1946 年，师承诸葛开余，族中长老，热心公益事业，主要担任司仪。

诸葛武，出生于 1951 年，师承诸葛林，退休教师，热心村中公益事业，主要担任引祭。

诸葛议，出生于 1949 年，退休教师，

诸葛议在传徒授艺

诸葛后裔祭祖国家级代表性传承人，主要担任读祝。1971—1979年，在诸葛小学任民办教师，开始搜集乡土文化材料，收藏有大量诸葛村古楹联、古祭文等原始材料。1979—1981年，在浙江师范大学中文系学习，喜欢古汉语、古典文学，阅读了大量的古典文献，积累了知识。1982—2009年，在诸葛中学担任语文教师，兼任诸葛村、诸葛旅游发展有限公司文化顾问，在搜集整理资料的基础上，撰写乡土文化相关文章，开展多种形式的民俗文化活动，在诸葛后裔祭祖活动中从事程序设计、祭品制作、祭文撰写、诵读、迎会活动安排等工作，带领学生进行古文化保护活动，撰写《诸葛村

诸葛议在研习古籍

诸葛议做祭前准备

志》。2010—2015 年，专职从事古文化保护服务工作，任兰溪市文与堂古文化保护服务有限公司执行董事、兰溪市诸葛旅游发展有限公司顾问、金华市非遗协会理事等职，开展诸葛后裔祭祖的实践活动、理论研究和诸葛后裔祭祖的宣传展示活动。在他的带领下，一个有年龄梯队的祭祀班子已经组成。

诸葛敏，出生于1986 年，先后在兰溪市诸葛小学、诸葛中学读书，2005 年于龙游县职业技术学校毕业后，在部队服役。2013 年从部队转业后，即回家乡诸葛村参加工作，任旅游公司综合办公室副主任、治安消防队队长。诸葛敏积极参加家乡的民俗活动，为传承民俗文化、开发旅游尽心尽力。为传承诸葛后裔祭祖这个非遗项目，他师从诸葛议，学习古礼仪、祭品制作、祭客职责担当、祭文写作与诵读、祭祀场面布置、

诸葛议做祭前准备

迎会序列安排等知识和技艺，现已初步掌握诸葛后裔祭祖的相关程序，能担任司仪、内外执事、引祭等。日常生活中，他负责祭祀服装收藏管理、祭具祭品保管维护等工作。

诸葛敏从 2013 年参加诸葛后裔祭祖活动以来，已参加全国性活动三次，参与各级电视台的节目制作数十次。2016 年 10 月，他赴北京参加中央电视台综合频道《我有传家宝》栏目《诸葛家风代

代传》节目，受到广泛好评。

诸葛后裔祭祖是群体性民俗活动，源远流长，文化底蕴深厚，活动主要承担者须为族中年长且得高望重者。年轻人在祭祖日纷纷从外地赶来参加，但对保护传承这一项目积极性并不很高，有意向承担起诸葛后裔祭祖传承人这一大任的年轻人更是难以寻觅，保护传承工作任重而道远。

［贰］诸葛后裔祭祖的保护传承现状[1]

一、现状分析

（一）祭祀活动有严格的仪轨

祭祀仪式在祭堂布置、祭品陈列、祭祀程序、祭文撰写和诵读、祭礼服饰、音乐节奏及祭后迎会活动等方面都有严格规定，主要流程为击鼓鸣金，内外执事就位，引祭者分列两旁，参与祭祀者三叩首、三上香、三献礼、三献爵，伴乐歌诵祭文，示训诫，礼成后鼓乐齐鸣，伴銮驾，展开迎会活动。祭祀用品繁多，细分为祭具和祭品。祭具为高烛台、檀香炉、酒杯、碗筷等。祭品除了常规的三牲之外，还有瓜果、糕点等共十八种物品。每个物品的处理方式也有严格的规定。例如，祭祀用羊血须用生的，而且要在生羊血碟内放入羊毛一撮。祭文的撰写有固定的格式与说辞。整个祭祀仪式遵循古制恢复，一直有着严格的规定，虽然给人庄重的仪

[1]　本节内容由陆颖异提供。

式感，但是随着社会的发展变化以及祭祀活动在人们日常生活中重要性的降低，繁重的祭祀活动非但不能带来个人归属感，反而会扭曲演变成沉重的包袱。

（二）祭祀队伍成员年龄偏大

祭祀队伍中需要主祭一名，引祭两名，内、外执事各两名，司仪一名，读祝一名，共九人，每个人都有严格的分工，一般要求族中德高望重的长辈担任各个角色。虽然祭祖仪式资料中没有明确记载选择祭祀人员的方式，不过在诸葛村另一个祭祀活动祭冬中可以窥视一二。祭冬即为在冬至日祭祖和吃福酒，主祭由家族的孟、仲、季分轮流担任，由各分支自行推荐，但必须是 50 岁以上的长者，且家庭殷实、富裕，有一定的学识，熟悉礼法。这一条件决定了主持祭祀的人员年龄较大，族中的年轻一辈不能参与到祭祀的主要过程中，影响到祭祀队伍的梯队化建设和祭祀礼仪的传承。

（三）有详细的文字、录像资料

为完善保存诸葛后裔祭祖的整个仪式，诸葛村在编纂《诸葛村志》的时候专门用一个章节的文字详细描述了祭祀大典，从准备仪式、祭祀过程到祭后迎会都有图文记载。为了使祭祖大典的画面呈现得更加完整，在清场无参观人员的条件下，聘请专业摄像团队对整个祭祀大典进行拍摄记录，形成《祭祖大典》音像资料，每天在诸葛村乡土文化展示馆的第九展馆循环播放，供前来旅游参观

的客人观看，以便他们更加深入地了解诸葛村文化。

二、存在问题

（一）祭祀活动形式单一

因为祭祀活动有一套严格的模式，从整体来看，形式略显单一。祭品的摆放、服装的穿戴都有明确的规定，虽然在祭祀后有相对可作为娱乐的迎会活动，但迎会活动以銮驾为主，祭祀队伍按照固定的路线走一圈之后返回祠堂，整个活动显得比较呆板。20世纪90年代恢复祖制祭祀，一方面有考虑到文化的传承，另一方面也是当时开发诸葛村旅游的需要。当时人民的旅游需求是观看不一样的风土人情，但随着社会的发展变化，现在的旅游需求已经发展为参与当地人生活和体验本土生活，传统的祭拜祖先已不单单是为了诸葛后裔服务，更是为了让所有来诸葛村旅游的人深入体验诸葛村乡土文化。以祭祀活动为中心，拓展祭祀方式，并不违背诸葛后裔祭祖的原则，也不违背祭祖所要向人们传达的文化理念。

（二）参与人员身份局限性太强

诸葛后裔祭祖不论是九祭客的祭祀团队还是参与祭祀上香的人员无一例外全是诸葛后裔，外姓人员一律不准参加。诸葛后裔祭祖之所以能从众多家族式祭祀中脱颖而出并成为国家级非遗项目，很大一部分原因就是祭祀的先祖是诸葛亮，而诸葛亮在中国是一个智慧人物的代表，是人民心中智慧的代名词，若祭祀活动局限在诸葛后裔人员，一定程度上也削弱了民众对诸葛亮的崇拜感。

（三）文字和录像记录流于表面

2013年，杭州西泠印社出版社出版了六十万字的《诸葛村志》，其中第十三章第一节专门记述了祭祖大典，有文字图片等资料和时长为半小时的《祭祖大典》音像资料。诸葛村从元朝建村到现在经历了十六次修谱，现保存有《高隆诸葛氏宗谱》等古籍一百多册，详细记载了历代参与祭祀的重要人员。不过，这些资料都只是详细记录祭祀大典的流程，没有就其各种行为背后的成因进行深入调查研究。

三、对策建议

上述问题在很多其他民俗类活动，特别是家族祭祀这类特殊的民俗活动中普遍存在。对策建议的提出不仅仅针对诸葛后裔祭祖，同样针对其他有类似情况的非遗项目。

（一）扩展祭祀活动类型

以原有的祭祀仪式为基础，在不改变祭祀目的的前提下，增加祭祀活动的内容。如在祭祀仪式结束后开展三国文化研讨会，以诸葛亮这个人物作为出发点，研究整个三国时期的历史、文化；用多种多样的方式来表现、演绎诸葛亮的故事，或是婺剧，或是故事会，或是游戏，让现代的年轻人接受、理解、喜爱诸葛亮，传播诸葛后裔祭祖文化。

（二）放开参与祭祀人员的身份限制

诸葛亮不光在国内有很多崇拜者，在日本也是备受推崇，诸葛村和日本民间三国文化研究学者也有文化交流往来。在祭祀活动中放开参与人员的身份限制，能让更多对诸葛亮怀有崇拜心情的人参与到祭祀中，扩大诸葛后裔祭祖的影响力。参与祭祀活动的人员不再局限于族中德高望重的长辈，让优秀后辈参与祭祀活动，以师带徒的模式让诸葛村的年轻一辈对祭祀活动有一个全面的了解和掌握，这样更加能增强诸葛族人对自己祖先的认同感。同样，这也更有利于传承队伍的有序建设，避免出现年龄断层，有利于诸葛后裔祭祖的传承。

（三）深入挖掘祭祖行为背后的文化内涵

每个严格的祭祀礼仪背后都有其原因，每个祭品的摆放都有其特殊的道理。详细记录祭祀仪式而不进行思考只能让祭祀活动流于形式，照搬原样而不深挖内涵只会让祭祀仪式留其形而失其神。为了使诸葛后裔祭祖更好地传承下去，应该就祭祖行为及祭祀用品的使用等背后蕴含的民俗文化做深入研究，将祭祖仪式及其文化内涵统一到一起，重新记录诸葛后裔祭祖。

［叁］节会与活动

诸葛村文化活动丰富多彩，20 世纪 80 年代，还有迎龙灯、舞狮、大公堂演戏、茶馆说书、唱道情等传统活动。中华人民共和

迎龙灯

国成立后，先后成立了业余剧团、生产大队文宣队、广播站、电视录像队、秧歌队和老年腰鼓队等，但随着经济社会的发展，这些带着时代色彩的组织都已不复存在，倒是那些传统民俗活动具有恒久的生命力。

随着经济社会的发展，很多活动都不再举办，现在还有着顽强生命力、能较好传承下来的节庆有春节、清明、立夏、端午、七月半、中秋、重阳、冬至、除夕等，民俗活动有迎龙灯、舞狮、大公堂演戏等。在诸葛村，由政府引导、民间发起的大型活动主要有全国诸葛亮学术研讨会、诸葛后裔祭祖两项。20世纪90年代以来，诸葛村多次承办全国性活动，现将以诸葛村为主场的全国性活动列举如下。

一、全国诸葛亮学术研讨会

全国诸葛亮研究联会成立于1985年，共由八家协会组成。全国诸葛亮学术研讨会是由这八家协会轮流举办的全国性诸葛亮学术思想研讨会，是中国最权威、影响最大的诸葛

2005年清明，长乐村妇女在做清明粿

亮学术思想研究大会，到 2016 年已成功举办二十三届。由诸葛亮
生前活动涉及地点和诸葛后裔聚居地轮流承办，主要承办地有兰
溪、成都、沂县、汉中、襄樊、阳朔、高安、南阳等，其中，兰溪
作为东道主已先后承办了四届。

（一）全国第七届诸葛亮学术研讨会

1993 年 10 月，全国第七届诸葛亮学术研讨会在兰溪市召开，
与会代表实地考察了诸葛村保存完好的丞相祠堂、大公堂等明清古
建筑，对诸葛亮后裔入浙的迁徙繁衍史进行深入研讨，发表数十
篇论文，在国内外引起强烈反响，新华社、《人民日报》等国内媒
体报道了该次活动。

（二）全国第十届诸葛亮学术研讨会

1997 年 10 月，全国第十届诸葛亮学术研讨会在兰溪市举行，
来自全国各地的领导和专家学者参加会议，收到学术论文七十四
篇。金华市委常委、兰溪市委书记郑宇民致开幕词，浙江省人大
常委会副主任毛昭晰发表热情洋溢的讲话，成都武侯祠博物馆副
馆长谭良啸主持学术交流。参会代表考察了全国最大诸葛亮后裔
居住地诸葛村和姜维后裔居住地兰溪市西姜村，参加了高隆诸葛
氏后裔在丞相祠堂举行的祭祖大典。祭毕，进行盛大的迎会活
动，并在高隆岗下国道线旁的三角地带举行诸葛亮石雕像揭幕
仪式。

(三)全国三国文化暨第十五届诸葛亮学术研讨会

2007 年 10 月，全国三国文化暨第十五届诸葛亮学术研讨会在兰溪举行，首日在诸葛村举行开幕式，并在丞相祠堂举行祭祖仪式，祭祖仪式结束后进行盛大的迎会活动。

这次研讨会明确地把三国文化写进会标，强调将诸葛亮研究纳入三国文化的范畴，拓展了视野，深化了内涵。同时，邀请与三国人物相关的文化单位参加会议，壮大研究队伍，丰富研究内容。

与会代表一百多人提交了八十三篇论文、六部专著，进行了广泛的学术交流。兰溪市市长宋志恒在开幕式上致辞，浙江省文化厅副厅长金庚初在开幕式上讲话，梁满仓、谭良啸等著名专家学者致辞或作总结发言。

中央电视台科教频道、浙江电视台对此次研讨会进行了拍摄报道，《中国民航》《东方航空》《上海航空》《四川航空》《深圳航空》等多家杂志社前来采访并发表报道。

(四)诸葛亮后裔祭祖大典暨全国第二十三届诸葛亮学术研讨会

2016 年 9 月 27 日上午，全国第二十三届诸葛亮学术研讨会开幕式在兰溪市诸葛村举行，在丞相祠堂举行隆重的祭祀大典。

开幕式由兰溪市副市长陆献龙主持，兰溪市委常委、宣传部长范卫东致开幕词，嘉宾代表先后讲话，兰溪市委副书记蔡艳宣布诸葛亮后裔祭祖大典暨全国第二十三届诸葛亮学术研讨会开幕。

九点半，按照习俗，诸葛村诸葛亮后裔在丞相祠堂举行隆重的祭祖活动。

全国第二十三届诸葛亮学术研讨会在年初即被兰溪市委、市政府确定为"大美兰溪·浪漫四季"休闲旅游文化年系列活动的重头戏，成为全年休闲旅游文化活动的亮点之一。该活动邀请了北京、上海、重庆、陕西、湖北、河南、四川、安徽、江苏、江西、山西、广东、广西等14个省（自治区、直辖市）的103名专家代表参加，来宾有梁满仓、谭良啸、梁宗锁、张大可4名享受国务院特殊津贴的专家，郭清华、李遵刚、游胜华、诸葛保满等16名8个诸葛亮协会的代表，梁中效、宦书亮、马强、诸葛良等14位教授，以及张珍陕、徐博、何红英等数十名研究诸葛亮的专家学者。共收到论文101篇，主要内容分为文化产业、诸葛亮思想文化和中医中药三大板块。

9月27日—28日，研讨会召开3场学术交流会，来自全国各地的多名专家学者做专题发言，并互相交流论文作品，为进一步深入挖掘诸葛亮学术思想、弘扬中国传统文化、助力地方经济社会发展建言献策。

全国诸葛亮学术研讨会为兰溪学术界创造了与国内诸葛亮学术研究专家交流学习的机会，为展示兰溪非物质文化遗产、实现诸葛传统村落保护与旅游文化产业有机结合提供了平台，形成大量具有浓郁

地方特色的研究成果。

二、其他全国性活动

（一）摄影大赛

随着诸葛村旅游开发的进程，村庄古风古貌不断吸引着外界的目光。2002 年，诸葛村举办了以表现诸葛村美丽景色和风土人情为主题的摄影大赛，经过行家评选，共评出获奖作品和优秀作品二十多幅。

（二）全国乡土文化保护现场会

2007 年 4 月 11 日，由国家文物局主办的全国乡土文化保护现场会在诸葛村举行。来自全

全国第二十三届诸葛亮学术研讨会现场

国各地的各级领导和专家学者实地考察了诸葛村，与会代表对诸葛村规模宏大又保存如此完好的古建筑群表示赞赏，对诸葛村所采取的保护措施给予充分肯定，同时也提了不少建设性意见。

（三）诸葛亮特种邮票首发式暨诸葛八卦村"孔明杯"全国摄影大赛开镜仪式

2014 年 8 月 28 日，诸葛亮特种邮票首发式暨诸葛八卦村"孔明杯"全国摄影大赛开镜仪式在诸葛村举行。浙江省邮政公司领导、《中国摄影报》领导、兰溪市领导出席了这次活动。当天，在寿春堂举行诸葛主题邮局揭牌仪式，并举办"中华情·中国梦"邮票展览。同一天，在丞相祠堂举行诸葛后裔祭祖大典，还在上塘街四合院、农坊馆、乡土文化展示馆、百草生态园、隆丰禅院等地开展了婚礼、篾编、清明馃制作、孔明锁拆装、佛文化书画展等一系列民俗文化活动。

［肆］对外文化交流

诸葛村 20 世纪 90 年代恢复按传统仪式祭祖的习俗，每年一小祭，三年一大祭，至今大祭活动已开展九次。诸葛后裔祭祖习俗旧时主要分布于诸葛村及周边有诸葛后裔聚居的村落，即兰溪市，金华市婺城区，杭州市建德市、富阳区，衢州市衢江区、龙游县，现在则已影响到有诸葛亮后裔聚居的浙江省温州市、义乌市，广西壮族自治区桂林市阳朔县，江苏省丹阳市、常州市，江

西省上饶市，诸葛亮出生地山东省临沂市沂南县，躬耕地湖北省襄阳市和河南省南阳市，拜相地四川省成都市，墓葬地陕西省汉中市勉县等有诸葛亮遗迹的地方。以 2013 年农历八月二十八日大祭为例，该次祭典邀请全国各地有诸葛后裔聚居的村落各派两到三名代表参加，实际参加祭典的有来自广西、江苏、江西以及浙江省内的杭州、温州、衢州、金华等地的诸葛后裔代表七十多人，盛况空前，共有五百多人参加祭典，祭后迎会时群众达数万人。

恢复祭祖活动后，诸葛村代表先后多次受邀组团赴山东、湖北、河南、四川、陕西及日本展开祭祀演示或开办讲座，在民俗文化活动中有较大的影响力。

诸葛亮为高尚人格之楷模，民族精神之典范，是民间传统文化中的大智慧化身。诸葛亮的影响力早已超越了家族，遍及全国，走出国门。

一、国内文化交流活动

1992 年 10 月，诸葛绍贤、诸葛方城、诸葛镇镇长胡正军三

2013年祭祖场面

2013年祭祖，邀请全国各地诸葛后裔代表参加座谈会

2013年祭祖，邀请全国各地诸葛后裔代表参与祭拜

人赴成都参加全国第六届诸葛亮学术研讨会。会上，诸葛绍贤展示了《高隆诸葛氏宗谱》，向大会报告了兰溪市诸葛村居住着三千多名诸葛亮嫡传后裔的消息，引起强烈反响，国内各大媒体先后报道这一新闻，回答了"诸葛后裔今何在"的千古命题。会后，诸葛绍贤一行三人专程赴陕西勉县武侯墓祭祀先祖，并题词留念。

1994年清明节，诸葛卸春率诸葛后裔代表团十人赴陕西勉县武侯墓以传统祭礼隆重祭祀先祖，受到当地领导和群众的热情接待，进行广泛交流。

1996年8月，诸葛村两百名诸葛后裔着统一传统服装，由兰溪市委书记郑宇民带队，赴上海开展旅游促销活动，引起轰动，扩大了影响。

1996年10月，诸葛村党支部书记诸葛坤亨、诸葛镇党委书记胡正军、副书记蔡敏龙一行三人赴甘肃天水出席全国第九届诸葛亮学术研讨会，在会上提交论文，进行交流。

1998年6月，诸葛村诸葛亮后裔代表受《三国演义》电视剧剧组邀请，赴江苏无锡三国城参加文化交流活动。

2002年10月，诸葛村代表团一行五人赴汉中参加全国第十三届诸葛亮学术研讨会，并与各地代表联谊交流。

2007年清明节，诸葛坤亨率诸葛后裔代表团一行十人赴陕西勉县武侯墓祭祀先祖。全猪、全羊、双香案、三上香、三献爵、诵祭文、鸣礼乐，按传统古礼祭祀，在当地引起轰动。中央电视台等国内多家媒体进行报道。

2010 年 9 月，诸葛村代表团一行九人赴湖北襄樊参加祭祀先祖活动，万人齐颂《诫子书》。代表团还参观考察了先祖隐居的古隆中和诸葛亮夫人黄月英的故乡黄家湾。

诸葛坤亨于 2010 年 6 月被中国文物保护基金会授予中国文化遗产保护特别贡献奖，于 2011 年 4 月赴江苏苏州参加颁奖仪式，并在大会上作经验事迹交流发言。

2011 年 4 月，诸葛后裔代表一行三人受江苏电视台邀请，赴南京参加新《三国演义》电视剧启播仪式，并进行文化交流。

2011 年 8 月，诸葛村代表团一行三人赴四川成都武侯祠参加纪念刘备入蜀一千八百周年暨全国第十八届诸葛亮学术研讨会，并赴绵阳等地考察蜀汉历史遗址。

2012 年 8 月，受河南电视台之邀，诸葛村代表团赴北京参加由河南电视台举办的姓氏文化交流活动，具体介绍了诸葛村历史沿革和诸葛亮后裔生活现状。

2012 年 11 月，诸葛村代表团一行三人赴广西桂林阳朔参加全国第十九届诸葛亮学术研讨会，在会上交流《巍巍祖德，族人心中的丰碑；谆谆祖训，后裔践行的准则》等论文，并与广西诸葛氏进

2007年4月6日，诸葛后裔赴陕西勉县定军山武侯墓祭祀

2012年，诸葛后裔代表在北京参加姓氏文化交流活动

行联谊活动。

2013年5月，诸葛村代表团一行七人赴山东沂南参加全国第二十届诸葛亮学术研讨会，提交讨论《运用先祖智慧，走文物保护与旅游开发相结合之路》等论文，并赴诸葛亮出生地祭拜，与各代表团进行广泛交流。

2013年11月，诸葛村代表团一行三人受邀赴香港参加由香港公民教育委员会和香港电台联合拍摄的人文电视系列片《文化长河万里行》启播仪式，并与香港大学教授和香港中学生进行文化交流。

2014年3月，诸葛坤亨受邀参加由中国村社发展促进会召开的中国村志馆开馆仪式。会上，2013年由杭州西泠印社出版社出

兰溪诸葛后裔祭祖

《文化长河万里行》启动仪式

版的《诸葛村志》被评为中国十佳村志，并被中国村志馆永久收藏。

2014 年 10 月，诸葛村代表团一行五人赴江西南昌参加全国第二十一届诸葛亮学术研讨会，提交《鱼水千秋合，芝兰百世昌》等论文，并与各代表团进行了广泛的文化交流。

2015 年 9 月，诸葛村代表团一行三人赴河南南阳参加全国第二十二届诸葛亮学术研讨会。本次会议的研讨主题是"诸葛亮与廉政文化"，著名作家二月河、著名史学家梁满仓作了学术报告。诸葛村代表提交三篇论文并作交流发言。会议决定，2016 年全国第二十三届诸葛亮学术研讨会在浙江省兰溪市诸葛村召开。

二、国外文化交流活动

1996 年 7 月，诸葛达受邀赴日访问，与日本篆刻家师村妙石等人进行广泛交流。

1997 年，受师村妙石邀请，诸葛坤亨参加了在福冈举行的三国志文化书籍出版发行会，会后参观考察了北九州、名古屋等地，进行文化交流。

1998 年 4 月，诸葛绍贤受日本三国志研究学者邀请赴福冈进行文化交流活动。

2007 年 11 月，诸葛村祭祀、杂技表演代表团一行七人受邀赴日本静冈交流演出，先后访问了牧之原、藤枝、川根町、修善寺等地。

　　2009 年 8 月，诸葛村祭祀和婺剧表演代表团一行二十四人赴日本静冈表演，进行为期五天的文化交流活动，拜访静冈县川胜知事，参观访问静冈县国际交流协会、静冈新闻社等文化单位，进行广泛交流。

　　2012 年 12 月，诸葛后裔代表受邀赴日本静冈举办"诸葛亮的故事"系列讲座，进行文化交流。

　　2013 年 5 月，诸葛村代表团受邀赴日本静冈举办"祭祀和诸葛亮史迹介绍"系列讲座，与听众互动，进行文化交流。

　　2013 年 10 月，诸葛品余、诸葛建忠受日本神户市邀请参加三

教授西田京子访问诸葛村时与兰溪外办、诸葛镇、诸葛村一行人的合影

2007年11月，诸葛村祭祀、杂技表演代表团一行七人赴日本静冈作文化交流

国志文化节，进行文化交流活动。

2014年5月，诸葛村代表团赴日本静冈举办"诸葛亮后裔与诸葛八卦村"系列讲座，介绍诸葛村传统文化。

2015年7月，诸葛村代表团受邀赴日本静冈县举办讲座并拜访烧津市市长中野弘道，双方进行座谈交流，还访问了静冈县川原小学、西奈小学和蒲原东小学，商谈教育互访事宜。

文化交流是文化发展的内在要求，是由矛盾的普遍性和特殊性决定的。任何国家和民族的文化都是社会实践的产物，有其长处，也有其局限。爱默生曾说过："克服民族性是文化的胜利。"只有从

其他文化中吸收营养，我们自己的文化才能永葆青春，保持活力，否则就会变成一潭死水。只有实行开放，不断碰撞和交流，文化才能有强大的生命力。愿诸葛后裔祭祖在传统节会活动和对外交流的活态传承中长盛不衰。

附录

诸葛古村落营造技艺：精湛的民间艺术奇观[1]

　　兰溪市诸葛古村落是中国最大的诸葛亮后裔集聚地，全国重点文物保护单位，国家 AAAA 级旅游景区。2008 年，诸葛村古村落营造技艺入选第二批国家级非物质文化遗产代表性项目名录，诸葛坤亨为该项目代表性传承人。

一、悠久的历史文化渊源

　　五代后唐时期，诸葛亮十四世孙诸葛浰从四川移居浙江寿昌，其孙迁居兰溪砚山下。元末，诸葛亮第二十七代孙诸葛大狮好阴阳堪舆之学，精通建筑原理。他认为祖居葛塘环境狭隘，格局不大，子孙不能发达，便于 1340 年前后找到地形独特的高隆岗，重金从王姓手中购得土地，亲自规划，以钟池为中心建造房舍，使村落按照九宫八卦之形势布局。明代中叶，诸葛氏族子孙日益繁衍，族人日益富裕，建房越来越多，村落越来越大，但是总体格局一直未变，而大公堂、丞相祠堂等十八厅堂建成之后，八卦村格局趋于明显。

---

[1]　本部分内容由童谣提供。

清代康熙、雍正、乾隆年间（1662—1795），诸葛氏子孙因善于经营中药业，财富积累迅速。一时间，华堂大厦、厅堂、楼阁遍地开花。当时，有精致大厦二百多座，二进、三进、五进厅堂共十八处，庙宇四处，石牌坊三座，花园别墅两处，宏伟精致的建筑环绕十八厅堂，鳞次栉比。到了清末民国初年，各居民小区初步形成。有沿水塘水井而居的，有沿山沿路沿街的，有田园风光式的，有闭合式的，形式多样。20世纪40年代，诸葛村的商业中心由旧市路迁移至交通便利的上塘附近，诸葛村的经商者和设计者在上塘四周和下塘两面以及水塘中打木桩、砌石条，用木料营造了风格独特的水上阁楼，形成繁华的商业中心。至此，诸葛村民居民宅建筑由两个相连的八卦组成，坐落在四周的八座小山之中，形成具有浓郁特色的古村落建筑群。

二、独具风格的九宫八卦形古建筑群

诸葛古村落建筑群以祖制九宫八卦结构设计，负阴抱阳，背山面水，村落景观奇特优美。整个村落以钟池为核心，八条小巷内外辐射，形成内八卦；村外八座小山环抱整个村子，形成天然的外八卦。该村古建筑连绵起伏，错落有致，巷道纵横，结构布局精巧奇特，具有"青砖灰瓦马头墙，肥梁胖柱小闺房"的建筑风格，被专家学者誉为中国"江南传统古村落、古民居的典范"。目前，村内保存完好的元、明、清古建筑有二百多座，其中有规模宏大的祠堂、大厅九座，楼上厅十六座，苏砖雕花头门二十座，八字门七座。

诸葛村村落布局无明显中轴线，不拘泥平衡对称，而是一反传统风格，围绕一处中心池塘。处于村中心的钟池，半为陆地，半是水面，近陆处有一口古井，极似太极八卦阴阳鱼图，居中为中宫，暗合八阵图的中军。围绕钟池的八条小巷之间有窄弄相连，纵横交错，似通非通，巷弄之间错落分布着大公堂、崇信堂、敦厚堂、尚志堂、丞相祠堂等数十座明清建筑。屋宇房舍按八卦方位设置，象征八阵：大公堂居北为"坎宫"，暗合八阵图的"蛇盘阵"；敦厚堂居南为"离宫"，暗合"翔鸟阵"；兆基堂居东为"震宫"，暗合"飞龙阵"；崇信堂居西为"兑宫"，暗合"虎翼阵"；东北角的尚志堂为"艮宫"，暗合"云阵"；东南方的丞相祠堂为"巽宫"，暗合"风阵"；西南方的尚礼堂为"坤宫"，暗合"地阵"；西北方的怀德堂为"乾宫"，暗合"天阵"。环围村落的八座小山相连处似八扇大门，暗合外八卦。整个布局既似一张蜘蛛网，又像一座不可捉摸的迷宫，动静结合，内外映衬，奇正相扶，联络互发，精巧奇特。著名古建筑专家罗哲文亲临实地考察后认为，这种九宫八卦形的村落布局在中国这个深受儒家文化思想影响的古老国度内确实罕见，堪称中国建筑史、文化史上的一大奇观。

诸葛村古村落营造须木匠、泥水匠、石匠、砖瓦匠、雕花匠等工匠密切配合完成，是一项传统的手工技艺。依据不同地形，多工

匠密切配合，营造出一个个结构模式多样的团块。该工艺以木匠为核心，加以泥水匠工艺装饰，在建造过程中往往先设计整体结构再预制各类构件，如梁、柱、桁、椽、牛腿、花门、磉、砖、瓦等，然后立木结构屋架，再砌墙，最后进行内外装饰。该技艺在建筑结构布局上不拘一格，有伏虎型、九宫八卦型、纵状街市、环状街市等类型，依山傍水，营造出一个个风格独特的建筑群。诸葛村现在保存完好的几个古建筑景观中，丞相祠堂是典型的伏虎型景观，钟池及附近建筑是九宫八卦型景观，上塘商业区则是环状街市景观。其厅堂宏大，住宅多制式，形成了独特的移步换景的村落景观。当地有歌谣唱道："房靠房，弄接弄，十家八家同一聚，同出同门同一处；花门楼，马头墙，内有天井小洞窗，画栋又雕梁。"

三、古建筑技艺的保护和传承

自 1986 年以来，诸葛村修建了大公堂、丞相祠堂、尚礼堂、雍睦堂等明清古建筑，对诸葛村实行整体保护。1996 年，诸葛村被国务院公布为第四批全国重点文物保护单位，村民保护古村落的热情高涨，一批身怀传统古村落营造技艺的工匠有了用武之地，以章有均、冯水根、梅来根等工匠为核心的古建筑修缮队伍修复了大公堂、崇信堂、尚礼堂、文与堂、三荣堂等多座大厅堂及一大批民居和商业建筑，也参与周边村落多座古建筑的维修工作。2008 年以来，复建了始基堂、隆丰禅院、文昌阁等古建筑。

目前，已收集整理诸葛村古村落营造技艺的大量资料，出版《诸葛村志》《诸葛村古村落营造技艺》等书籍，制作电视宣传片，扩大媒体宣传。当地组建了一支由土木工匠组成的古建筑修缮施工队，在此基础上成立诸葛古镇修缮公司，2006 年，国家文物局特批该公司为国家一级古建筑维修公司。每年举办培训班，培养中、青年传承人，使传承人在实践中传承精湛的技艺。建成诸葛村乡土文化展示馆，并于 2013 年 5 月 1 日开馆。从 20 世纪 80 年代起，诸葛村多方筹集资金，修建或复建了诸葛村及周边村落大量古建筑，使该技艺在社会实践中得以传承。

近年来，由该项目传承人诸葛坤亨担任总经理的兰溪市诸葛旅游发展有限公司负起了该项目保护传承的主要责任，积极开展传承人队伍建设，努力开展古村落营造技艺实践活动，使诸葛村古村落营造技艺得到更好的保护传承。

主要参考文献

1. 张廷玉 . 明史 [M]. 北京：中华书局，1974.

2. 兰溪市市志编纂委员会 . 兰溪市志 [M]. 杭州：浙江人民出版社，1988.

3. 司马迁 . 史记 [M]. 萧枫，主编 . 哈尔滨：北方文艺出版社，2007.

4. 杨天宇 . 礼记译注 [M]. 上海：上海古籍出版社，2010.

5. 诸葛议，诸葛坤亨 . 诸葛村志 [M]. 杭州：西泠印社出版社，2013.

6. 许慎 . 说文解字详解 [M]. 思履，主编 . 北京：中国华侨出版社，2014.

7. 刘波，王川，邓启铜 . 周礼 [M]. 南京：南京大学出版社，2014.

8. 郭璞 . 尔雅 [M]. 王世伟，校点 . 上海：上海古籍出版社，2015.

9. 陈芳 . 后汉书 [M]. 北京：中华书局，2016.

10. 郭丹 . 左传 [M]. 北京：中华书局，2016.

后记

　　兰溪市诸葛村是全国最大的诸葛亮后裔聚居地，文物资源丰富，非遗项目众多，其中，诸葛村古村落营造技艺、诸葛后裔祭祖为国家级非遗项目。诸葛后裔祭祖以祭祀诸葛氏先祖诸葛亮为主要内容，其礼仪习俗大约定型于明嘉靖年间，分春、秋二祭。

　　《兰溪诸葛后裔祭祖》是在领导专家的关怀指导下，站在前人的肩膀上完成的。在该书编撰过程中，笔者得到了浙江省非遗专家陈顺水老师的指导，兰溪市文化和广电旅游体育局领导的鼓励和支持以及诸葛村、诸葛旅游发展有限公司的热情帮助。特别要感谢诸葛村书记、诸葛旅游发展有限公司总经理诸葛坤亨先生和诸葛后裔祭祖国家级代表性传承人诸葛议先生。诸葛坤亨先生为该书的资料采集提供了支持和帮助，对该书的撰写提出了一些建设性意见。诸葛议先生为该书的撰写提供了不少资料，在记述诸葛后裔祭祖的基本内容时，笔者引用了大量《诸葛村志》的内容，"诸葛后裔生活文化展示基地"和"对外文化交流"两部分内容也是根据诸葛议先生所写的文字改编的。"诸葛后裔祭祖的保护传承现状"由兰溪市非遗中心陆颖异撰写。该书采用了倪春虎、林马富等人拍摄的

照片，诸葛旅游发展有限公司、兰溪市非遗中心也提供了一些照片。在此，向所有支持《兰溪诸葛后裔祭祖》编撰工作的领导、专家、朋友们表示由衷的感谢，致以崇高的敬意。

作为非物质文化遗产保护工作者，身处文化底蕴深厚的兰溪是幸运的，身临一线参与非遗保护传承工作是幸运的，能够编撰《兰溪诸葛后裔祭祖》一书是幸运的，但这种幸运同时也是一种责任，一份重担。在整个编撰过程中，笔者怀着敬畏之心，勤勤恳恳，却时感力不从心。才疏学浅若此，心感惶恐。更兼工作繁忙，撰写工作只能见缝插针，缺点和错误一定不少，但笔者仍期待该书能起抛砖引玉之效，希望能有更多的人参与到非物质文化遗产保护传承工作中来，也期待关心、支持兰溪非遗保护工作的大方之家写出更多、更好的非遗著作。

童曦军

责任编辑：金慕颜

装帧设计：薛　蔚

责任校对：朱晓波

责任印制：朱圣学

装帧顾问：张　望

图书在版编目（ＣＩＰ）数据

　　兰溪诸葛后裔祭祖 / 童曦军编著. –– 杭州 : 浙江
摄影出版社, 2019.6（2023.1重印）

　　（浙江省非物质文化遗产代表作丛书 / 褚子育总主
编）

　　ISBN 978-7-5514-2445-5

　　Ⅰ . ①兰… Ⅱ . ①童… Ⅲ . ①诸葛亮（181–234）—
祭礼—兰溪 Ⅳ . ①K892.98

　　中国版本图书馆CIP数据核字(2019)第095604号

LANXI ZHUGE HOUYI JIZU

兰溪诸葛后裔祭祖

童曦军　编著

全国百佳图书出版单位

浙江摄影出版社出版发行

　　　地址：杭州市体育场路347号

　　　邮编：310006

　　　网址：www.photo.zjcb.com

制版：浙江新华图文制作有限公司

印刷：廊坊市印艺阁数字科技有限公司

开本：960mm×1270mm　1/32

印张：5.25

2019年6月第1版　　2023年1月第2次印刷

ISBN 978-7-5514-2445-5

定价：42.00元